통通 7트랙

Tong 7Track

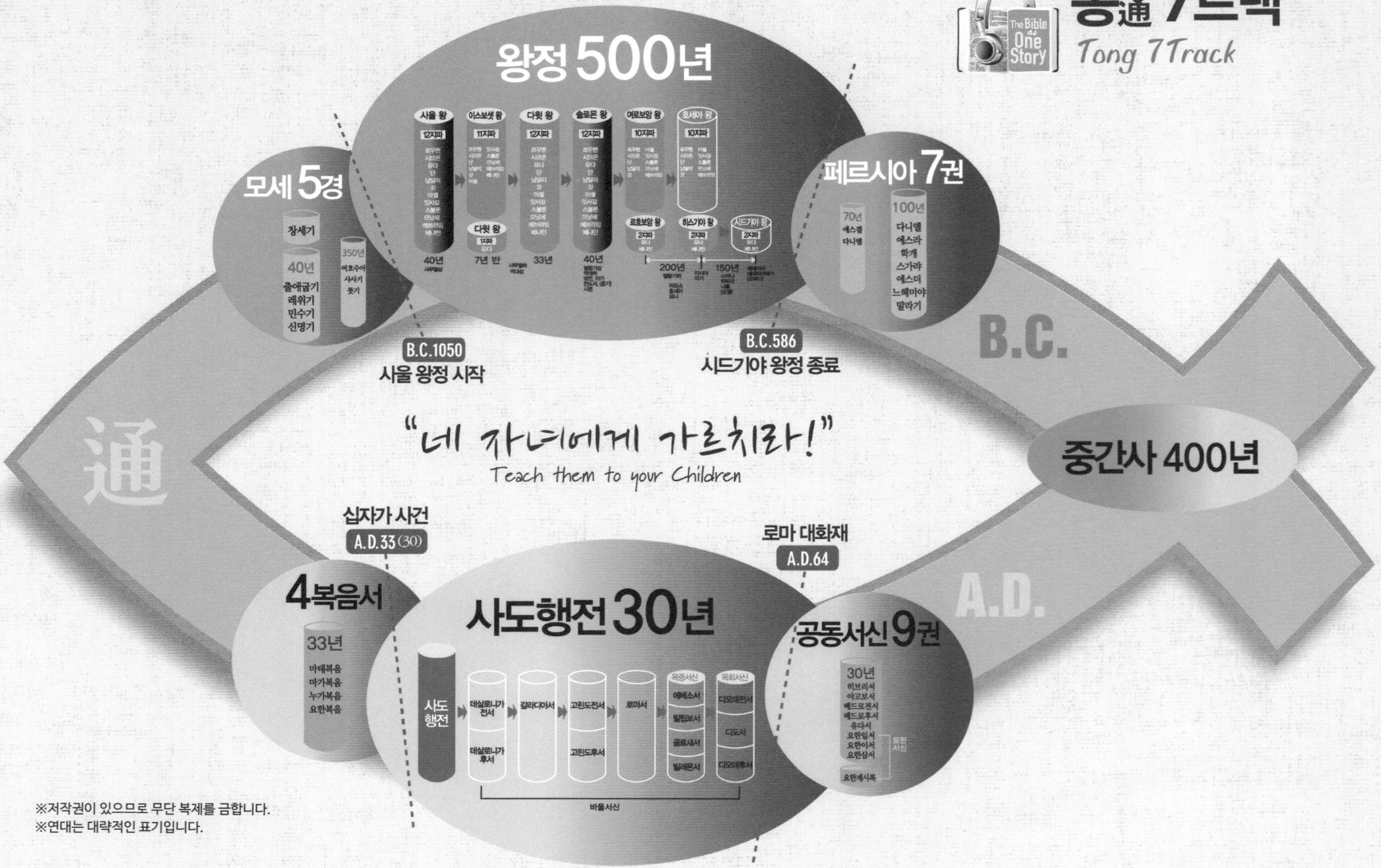

※저작권이 있으므로 무단 복제를 금합니다.
※연대는 대략적인 표기입니다.

일대일 스토리텔링을 위한 초급반

Beginner's Class for One-on-One Story Telling

성경통通독 통通구구단

일대일 스토리텔링을 위한 초급반

성경통通독
통通구구단

초판 1쇄 2023년 4월 20일
2쇄 2023년 4월 24일

지은이·조병호
펴낸곳·도서출판 **통독원**
디자인·전민영

주소·서울시 강남구 선릉로 806
전화·02)525-7794 팩 스·02)587-7794
홈페이지·www.tongbooks.com
등록·제21-503호(1993.10.28)

ISBN 979-11-90540-41-4 03230

*연대는 대략적인 표기입니다.

일대일 스토리텔링을 위한 초급반

Beginner's Class for One-on-One Story Telling

성경통通독 통通구구단

조병호 지음

통독원

들어가며

통通성경, 21세기 신앙부흥운동

통구구단으로 신앙 부흥을 곱셈하고, 교회 부흥을 곱셈하자!!

성경 전체 66권을 1독하기 위해서는 쉬지 않고 성경을 읽을 때 48~50시간 정도가 필요합니다. 그러므로 매일 1시간씩 시간을 정하여 읽는다면 40~50일 정도에 1독을 하게 됩니다. 사실 힘들고 어려운 과정이라 생각보다 도전하는 이들이 많지 않습니다. 그래서 주일날 설교 시간에 들은 말씀으로, '오늘 나에게 주신 말씀'으로 차츰 그 폭을 줄여가면서 성경을 구절 중심으로 대하는 요절주의에 머무는 경우가 많습니다. 또 다른 경우는 이번 달은, 이번 해는 성경 66권 가운데 〈사도행전〉을, 〈신명기〉를, 〈요한복음〉을 집중적으로 읽고 묵상하겠다고 권별주의에 그 중심을 두기도 합니다. 안타깝게도 성경 전체 통독은 시도도 하지 않고 지나가는 경우가 많습니다.

하나님께서는 성경 전체를 우리에게 주셨습니다. 어떻게 하면 하나님의 선물인 성경 전체를 모두 가질 수 있을까요? 이를 위해서는 성경 전체 이야기를 통해 성경을 바라보는 시각, 즉 '시각 교정' '시각 훈련'이 반드시 필요합니다. 그래서 '10분에 성경 전체 이야기'를 통해 우리의 시각을 바꿔보려고 합니다.

그렇다면 어떻게 가르쳐야 성경을 쉽게 이해하고, 배울 수 있을까요? 그 해답은 스데반에게서 찾을 수 있습니다. 기독교 최초의 순교자 스데반은 초기교회에 생겨난 히브리파와 헬라파의 분쟁 문제를 지혜롭게 해결하는 평신도 일곱 일꾼 가운데 한 명이었습니다. 평신도 스데반은 사회적 문제를 해결하는 능력을 갖추었을 뿐만 아니라 성경 지식 또한 탁월했습니다. 구약성경을 가지고 예수님의 십자가를 10분 안에 증명해내는 실력자였습니다. 사도행전 7장이 그 증거입니다. 성경을 충분히 알고 믿었던 스데반은 죽음에 이르는 순간, 성령 충만하여 예수님께서 하나님 우편에 서신 것을 보았습니다.

우리도 성령 충만하여 하늘의 하나님을 바라보는 사람이 되었으면 좋겠습니다. 또한 우리의 자녀들이 스데반처럼 성경을 알고 이야기하는 하나님의 자녀가 되기를 소망하며 효과적인 길을 제시하고

자 합니다. 성경을 첫째 틀리지 않고, 둘째 치우치지 않고, 셋째 선을 넘지 않지 않고, 넷째 사람들 앞에서, 다섯째 10분 안에 이야기할 수 있도록 '통通구구단'를 만들었습니다. 우리 자녀들이 통通구구단을 열심히 배우고 외우고 이해하여 성경에 신앙의 뿌리를 튼튼히 내린다면 평생 흔들리지 않는 믿음의 사람이 될 것입니다. 세계 기독교 신앙 부흥을 이끌 대안, 바로 '통通구구단'입니다.

통通구구단은 성경 전체를 통으로 보는 통通성경을 잘 공부하기 위한 방식입니다. 부모가 자녀에게, 친구가 친구에게, 성경을 배우기 원하는 이들을 위해 성경을 쉽고, 빠르게, 이야기로 전하고 알려주는 지름길로 활용할 수 있습니다.

가평 통독원에서

학습 목표

통通구구단 초급 3단계로 성경 전체 66권을 하나의 큰 그림으로 그릴 수 있습니다.

• <통通구구단 1단> **성경 66권 시작과 끝 이야기**

학습 목표	학습 방법
성경 전체 66권 공부하기	성경 66권 시작과 끝 이야기 암기

• <통通구구단 2단> **통通 7트랙 이야기**

학습 목표	학습 방법
성경 전체를 7개 통通 7트랙으로 공부하기	통通 7트랙 이야기 암기

• <통通구구단 3단> **10분에 성경 전체 원 스토리**

학습 목표	학습 방법
《통성경 길라잡이》 52과 제목을 가지고 성경 전체 이야기를 공부하기	10분에 성경 전체 원 스토리 암기

성경 66권 시작과 끝 이야기 → **통通7트랙 이야기** → **10분에 성경 전체 원 스토리**

우리는 성경 전체를 틀리지 않게, 치우치지 않게, 선을 넘지 않고,
사람들 앞에서 10분 안에 이야기할 수 있습니다!!

성경 편제 구성

• **주제별** 구약 배열(기존 편제) / **예) 느헤미야 → 예레미야**

율법서	역사서		시가서	선지서(예언서)		
1 창세기	6 여호수아	13,14 역대상·하	18 욥기	23 이사야	29 요엘	35 하박국
2 출애굽기	7 사사기	15 에스라	19 시편	24 예레미야	30 아모스	36 스바냐
3 레위기	8 룻기	16 느헤미야	20 잠언	25 예레미야애가	31 오바댜	37 학개
4 민수기	9,10 사무엘상·하	17 에스더	21 전도서	26 에스겔	32 요나	38 스가랴
5 신명기	11,12 열왕기상·하		22 아가	27 다니엘	33 미가	39 말라기
				28 호세아	34 나훔	

• **역사순** 구약 배열 / **예) 예레미야 → 느헤미야**

B.C.586년 예레미야 때 예루살렘성이 바벨론 느부갓네살 왕의 군대에 의해 함락된 기록
B.C.445년 느헤미야 때 바벨론 포로에서 돌아온 후 예루살렘 성벽을 재건한 기록

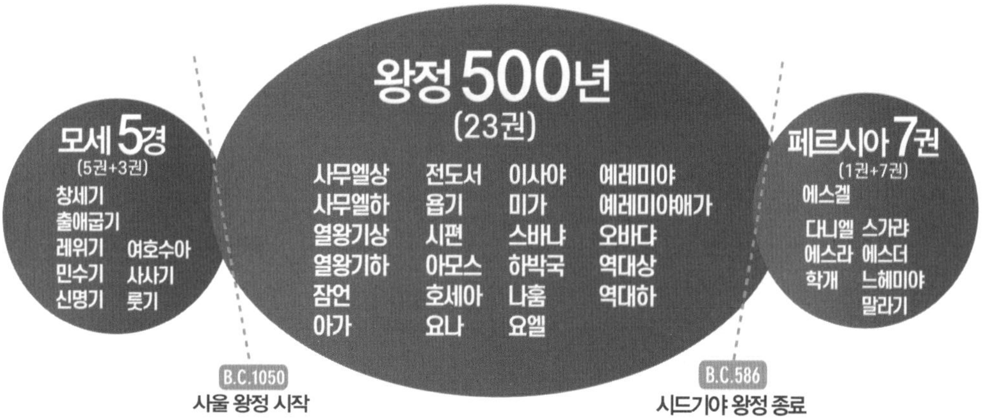

• **주제별** 신약 배열(기존 편제)

복음서	역사서	서신서			예언서
40 마태복음	44 사도행전	45 로마서	51 골로새서	58 히브리서	66 요한계시록
41 마가복음		46,47 고린도전·후서	52,53 데살로니가전·후서	59 야고보서	
42 누가복음		48 갈라디아서	54,55 디모데전·후서	60,61 베드로전·후서	
43 요한복음		49 에베소서	56 디도서	62,63,64 요한일·이·삼서	
		50 빌립보서	57 빌레몬서	65 유다서	

• **역사순** 신약 배열

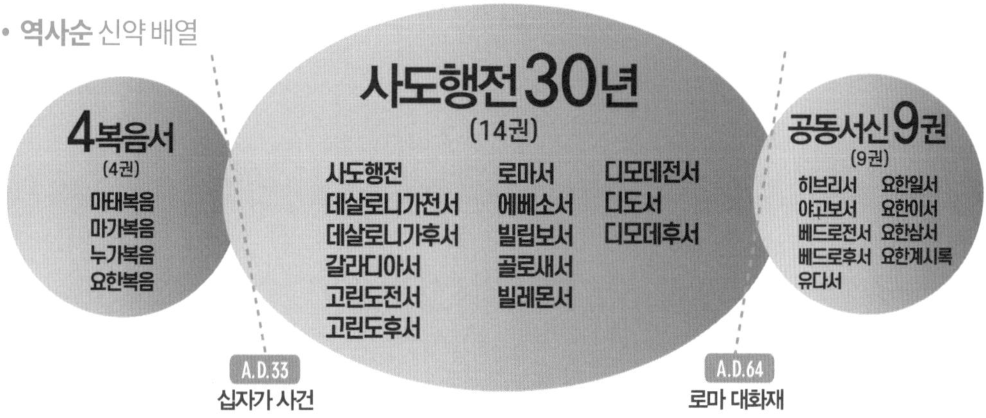

Contents

通

성경을 열면 기적이 열립니다.

Opening your Bible Opens Miracles

들어가며 4
통성경, 21세기 신앙부흥운동

초급반 구성 6
학습목표
성경 편제 구성

1단 _ 성경 66권 시작과 끝이야기 10
1단 활용법 _ 11
암기하기 _ 12
이해하기 _ 14
외워보기 _ 76

2단 _ 통通 7트랙 이야기 78
2단 활용법 _ 79
암기하기 _ 81
이해하기 _ 82
외워보기 _ 109

3단 _ 10분에 성경 전체 원 스토리 112
3단 활용법 _ 111
암기하기 _ 113
이해하기 _ 121
외워보기 _ 123

초급반

1단

성경 66권 시작과 끝 이야기

Beginning and End Story

1단 활용법

성경은 〈창세기〉부터 〈요한계시록〉까지 66권이 한 권인 책입니다. 성경 66권 각 권은 각각 완결성이 있는 동시에 한 권의 이야기로 연결되어 있습니다. 먼저 성경 66권의 각 권이 어떤 책인지, 어떻게 성경 전체가 하나의 이야기로 연결되는지 공부합니다.

통通구구단은 성경 66권을 역사순으로 나열하여 공부합니다. 통通성경의 가장 중요한 핵심은 성경을 하나의 이야기로 공부하기 위해서 역사순으로 읽는 것입니다. 그래서 통通성경의 방법대로 성경을 역사 순서를 따라 읽으면서 성경의 각 부분이 전체 속에서 어떤 흐름 가운데 있는지 생각하며 이해합니다. 주제별 순서로 편집된 성경으로는 성경의 역사 흐름이 쉽게 정리되지 않습니다. 그러나 성경을 역사 순서대로 읽으면 어느 부분을 읽든지 성경 전체의 흐름이 머릿속에 있으므로 성경을 한 권으로 연결하여 이해할 수 있습니다. 또한, 역사를 주관하시며 세계를 경영하시는 하나님을 만나는 데 가장 효과적입니다.

〈통通구구단 1단〉은 7개의 트랙 안에 성경 66권을 넣고, 각 권의 시작과 끝 이야기를 연결하여 계속 이야기를 엮어가면서 성경 전체의 큰 숲을 그려보는 단계입니다. 성경 66권의 숲보기를 통해 간단한 숲정리를 한 후, 시작과 중간과 끝 이야기를 살펴보도록 합니다. 그리고 성경 66권의 '시작과 끝 이야기'를 외우도록 이끕니다. 외워서 기억해야 내 것으로 남게 되며, 외워서 기억해야 다른 이들에게 성경을 전할 수 있습니다.

성경 66권 시작과 끝 이야기

트랙	성경		시작 이야기	끝 이야기
1. 모세5경	1	창세기	천지창조	요셉 유언
	2	출애굽기	갈대 상자	성막 봉헌
	3	레위기	5대 제사	서원 예물
	4	민수기	인구 조사	슬로브핫 법
	5	신명기	모압 평지	모세 죽음
	6	여호수아	입가나안	요셉 장사
	7	사사기	유다 지파 땅 정복	베냐민 지파 쇠락
	8	룻기	모압 이주	보아스 족보
2. 왕정 500년	9	사무엘상	한나 기도	사울 자결
	10	사무엘하	다윗 애가	다윗 제사
	11	열왕기상	솔로몬 즉위	아합 죽음
	12	열왕기하	엘리야의 불	남유다 멸망
	13	잠언	솔로몬 잠언	르무엘 어머니
	14	아가	술람미 여인	죽음보다 강한 사랑
	15	전도서	해 아래 헛수고	청년 때
	16	욥기	하늘 자랑 욥	욥의 기도
	17	시편	복 있는 사람	호흡 있는 자
	18	아모스	각 나라 죄	본토에 남은 자
	19	호세아	고멜과 결혼	호세아 절규
	20	요나	다시스 배	박넝쿨 비유
	21	이사야	이사야가 본 계시	새 하늘 새 땅
	22	미가	두 도시에 대한 묵시	하나님 찬양
	23	스바냐	여호와의 날	남은 자의 명성
	24	하박국	하박국 질문	하박국 찬양
	25	나훔	니느웨 경고	니느웨 황무
	26	요엘	메뚜기 비유	그날에 대한 예언
	27	예레미야	선지자로 부름	불타는 예루살렘
	28	예레미야애가	예레미야 애곡	예레미야 기도
	29	오바댜	에돔 멸절	나라가 여호와께
	30	역대상	아 · 아 족보	다윗 예물
	31	역대하	솔로몬 번제	고레스 명령
3. 페르시아 7권	32	에스겔	에스겔 부름	여호와 삼마
	33	다니엘	1차 포로	마지막 때 예언
	34	에스라	귀환 명령	에스라 개혁

	35	학개	건축 시기	내 종 스룹바벨
	36	스가랴	다리오 왕	남은 자 초막절
	37	에스더	왕의 잔치	부림절 제정
	38	느헤미야	금식기도	안식일 개혁
	39	말라기	사랑 고백	아버지 마음
4. 중간사 400년	신구약중간사			
5. 4복음서	40	마태복음	아 · 다 족보	지상명령
	41	마가복음	세례 요한	우편 좌정
	42	누가복음	세례 요한	예수 승천
	43	요한복음	태초 말씀	부활 후 조찬
6. 사도행전 30년	44	사도행전	예수 승천	죄수 바울
	45	데살로니가전서	믿는 자의 자랑	강림 강조
	46	데살로니가후서	교회 격려	규모 있는 신앙
	47	갈라디아서	오직 복음	예수 흔적
	48	고린도전서	교회 안부	예루살렘 교회 연보
	49	고린도후서	교회 안부	세 번째 갈 계획
	50	로마서	교회 안부	서로 문안
	51	에베소서	창세전 예정	두기고 파송
	52	빌립보서	감사와 간구	선물 감사
	53	골로새서	교회 안부	친필 문안
	54	빌레몬서	빌레몬 칭찬	오네시모 형제
	55	디모데전서	믿음의 아들	선한 싸움
	56	디도서	디도 남긴 이유	급히 오라
	57	디모데후서	디모데 가족	속히 오라
7. 공동서신 9권	58	히브리서	구약 선지자들	예수께 나가자
	59	야고보서	열두 지파에 문안	의인의 간구
	60	베드로전서	부활 소망	장로들에 권면
	61	베드로후서	장막 벗을 날	성경 억지로 풀지 말라
	62	유다서	힘써 싸우라	긍휼히 여기라
	63	요한일서	하나님과 사귐	하나님께 속한 자
	64	요한이서	서로 사랑 당부	사도 요한 소망
	65	요한삼서	가이오 축복	사도 요한 소망
	66	요한계시록	밧모섬 요한	속히 오리라

하나님, 지혜를 주셔서 성경 각 권 시작과 끝 이야기를 70% 이상 연결할 수 있도록 인도해주십시오.
하나님의 말씀, 성경으로 신앙 부흥을 곱셈하고, 교회 부흥을 곱셈하겠습니다. 아멘.

1단
이해하기

1. 모세5경

1 창세기

시작은 **천지창조**이며(창 1:1), 중간은 하나님께서 아브라함을 선택하신 이야기이고(창 12:1) 끝은 **요셉**의 **유언**입니다(창 50:25).

말씀

창세기 1:1 태초에 하나님이 천지를 창조하시니라

창세기 12:1 여호와께서 아브람에게 이르시되 너는 너의 고향과 친척과 아버지의 집을 떠나 내가 네게 보여 줄 땅으로 가라

창세기 50:25 요셉이 또 이스라엘 자손에게 맹세시켜 이르기를 하나님이 반드시 당신들을 돌보시리니 당신들은 여기서 내 해골을 메고 올라가겠다 하라 하였더라

숲보기

하나님께서는 모든 만물과 온갖 생명체를 만드시고, 마지막에 하나님의 형상을 닮은 인간을 창조하신 후, 심히 좋아하셨습니다. 그러나 인간들이 하나님과의 약속을 저버리고 죄를 지음으로 말미암아 결국 하나님께서는 마음에 근심하시며 땅 위에 사람 지으신 것을 한탄하고 후회하십니다. 하지만 하나님께서는 지으셨던 모든 것을 물로 심판하시는 중에서도 노아의 방주를 통해 구원의 은혜를 베푸시고, 노아의 후손 가운데 아브라함을 택하셔서, 그를 통해 한 민족을 시작하게 하십니다. 이는 아브라함을 통해 세우신 한 민족을 모든 민족을 위한 복의 통로로 쓰시고자 함입니다. 그리고 창세기 12장부터는 믿음의 조상 아브라함과 사라의 이야기, 그의 아들 이삭, 손자 야곱, 증손자 요셉의 삶까지 다루고 있습니다. 〈창세기〉는 야곱의 일가족 70명이 요셉이 닦아놓은 기반 위에서 애굽에 정착하는 장면으로 끝을 맺습니다.

한눈에 보기

- 창 1-11장 ······ 하나님의 마음 ······ →
  - 1-2장 : 좋아, 토브, Good
  - 3-5장 : 불순종한 아담과 하와
  - 6-9장 : 노아 홍수, 하나님의 눈물
  - 10-11장 : 족보, 약속의 성취
- 창 12-24장 ······ 하나님의 친구 (아브라함) ······ →
  - 12-14장 : 하나님의 약속과 아브라함의 순종
  - 15-17장 : 무지개, 할례, 언약궤, 십자가
  - 18-21장 : 아브라함, 복의 통로
  - 22-24장 : 모리아산, 2,000년 후 갈보리산
- 창 25-36장 ······ 믿음의 계승 (이삭과 야곱) ······ →
  - 25-27장 : '다음 세대' 이삭
  - 28-30장 : 빈손 야곱, 십일조 약속
  - 31-33장 : 야곱과 에서, 20년 만에 화해
  - 34-36장 : 야곱, 이스라엘로

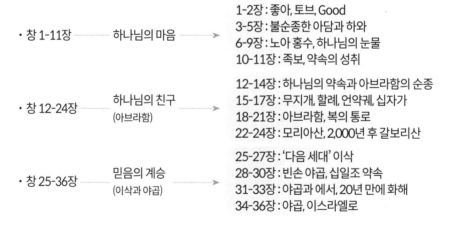

• 창 37-50장 ········ 유언과 비전 (요셉) ········▸
37-38장 : 유다의 마음
39-41장 : 국가 자연 재난 대책
42-44장 : 22년 만에 이룬 형제 상봉
45-47장 : 요셉의 눈물
48-50장 : 입(入)애굽과 출(出)애굽

2 출애굽기

시작은 모세가 **갈대 상자**를 탄 이야기이며(출 2:3), 중간은 시내산에서 제사장 나라 언약을 체결하는 이야기이고(출 24:3), 끝은 **성막**을 하나님께 **봉헌**하는 이야기입니다(출 40:34).

말씀

출애굽기 2:3 더 숨길 수 없게 되매 그를 위하여 갈대 상자를 가져다가 역청과 나무 진을 칠하고 아기를 거기 담아 나일 강 가 갈대 사이에 두고

출애굽기 24:3 모세가 와서 여호와의 모든 말씀과 그의 모든 율례를 백성에게 전하매 그들이 한 소리로 응답하여 이르되 여호와께서 말씀하신 모든 것을 우리가 준행하리이다

출애굽기 40:34 구름이 회막에 덮이고 여호와의 영광이 성막에 충만하매

숲보기

모세와 바로의 피 말리는 협상이 약 6개월간 진행되고 결국 이스라엘 민족은 출애굽하게 됩니다. 하나님께서는 그들을 시내산으로 이끄시고 그곳에서 약 1년간 훈련시키십니다. 〈출애굽기〉에는 하나님께서 이스라엘 백성을 '제사장 나라 거룩한 백성'으로 삼으시는 언약이 나오며, 그 외에 하나님께서 백성에게 주시는 율례와 규례와 법도가 기록되어 있습니다. 또한 하나님의 임재를 상징하는 성막을 하나님께서 주신 설계도대로 정성껏 제작했던 이스라엘 백성의 아름다운 순종의 모습도 만날 수 있습니다.

한눈에 보기

• 출 1-18장 ········ 설득과 기적 ········▸
1-2장 : 제국 체험
3-4장 : 하나님의 모세 설득
5-7장 : 기적, 협상 동력
8-10장 : 모세와 바로의 9차 협상
11-13장 : 유월절과 성찬식
14-15장 : 홍해 영적 전략 5단계
16-18장 : 드디어, 광야 학교 입학

- 출 19-34장 …… 세계 선교의 꿈 …… ➤
  - 19-20장 : 십계명, 제국이 아닌 제사장 나라
  - 21-23장 : 거룩, 시장에 살아 있다!
  - 24-27장 : 성막의 설계도
  - 28-29장 : 하늘 보석으로!
  - 30-31장 : 기도의 향을 사르다
  - 32-34장 : 용서, 절망 속의 희망
- 출 35-40장 …… 설계와 시공 …… ➤
  - 35-38장 : 낡아진 설계도
  - 39-40장 : 손으로 지은 성막

3 레위기

시작은 다섯 가지 제사이며(레 1:2), 중간은 아론의 첫 제사장 취임식이고(레 8:33), 끝은 서원 예물의 값을 정하는 이야기입니다(레 27:2).

말씀

레위기 1:2 이스라엘 자손에게 말하여 이르라 너희 중에 누구든지 여호와께 예물을 드리려거든 가축 중에서 소나 양으로 예물을 드릴지니라

레위기 8:33 위임식은 이레 동안 행하나니 위임식이 끝나는 날까지 이레 동안은 회막 문에 나가지 말라

레위기 27:2 이스라엘 자손에게 말하여 이르라 만일 어떤 사람이 사람의 값을 여호와께 드리기로 분명히 서원하였으면 너는 그 값을 정할지니

숲보기

〈레위기〉는 하나님께서 인생들을 향해 보내신 따뜻한 러브레터입니다. 사람을 지으신 하나님께서 그들이 이 땅에서 올바르고 건강하게 살 수 있도록 돕고자 만들어놓으신 설명서와도 같습니다. 이스라엘 백성이 약 6개월에 걸쳐 완성한 성막에서 그들이 하나님과의 깊은 만남을 위해 행해야 할 다섯 가지 제사법과, 그 일을 앞장서서 감당해야 할 제사장과 레위 지파의 책임과 사명이 꼼꼼히 기록되어 있습니다. 이 복잡하고 까다로운 절차들은 사실, 인생들이 하나님 앞에 잘못했을 때 하나님께 나아가 용서를 구할 수 있도록 길을 열어주신 하나님의 사랑입니다. 또한 레위기 11장부터는 인생들을 향해 '거룩함'을 요구하시는 하나님의 요구 사항이 나와 있습니다. 사람과 사람이 서로를 존중하며 그 관계를 아름답게 세워가는 데 필요한 원칙들을 주신 것입니다. 약자를 보호하고 아픈 이들을 돌보며 가난한 자들을 위로하는 것이 진정

한 '거룩'이라는 것을 〈레위기〉를 통해서 배울 수 있습니다. 또한 레위기 26장을 통해 하나님께서 주신 율법에 대한 순종과 불순종에 따른 복과 저주의 두 가지 미래를 알 수 있습니다.

한눈에 보기

- 레 1-10장 ········ 설계와 시공 ········➤
  - 1-5장 : 번제, 소제, 화목제, 속죄제, 속건제
  - 6-7장 : 제사장, '항상 대기조'
  - 8-10장 : 제사장, 첫 '공식 업무' 시작
- 레 11-27장 ········ 시민학교 ········➤
  - 11-13장 : 레위기 11장이 다니엘 1장으로
  - 14-15장 : 힘이 미치지 못하면
  - 16-17장 : 자신을 위한 속죄제
  - 18-20장 : 밭모퉁이 법
  - 21-22장 : 제사장, 대대로 + 전문직
  - 23-25장 : 생각의 되새김, '창조'와 '출애굽'
  - 26-27장 : 두 가지 길, 두 가지 미래

4 민수기

시작은 시내 광야에서의 인구 조사이며(민 1:2)**, 중간은 가데스 바네아 사건 이야기이고**(민 14:29)**, 끝은 슬로브핫의 딸 법입니다**(민 36:2)**.**

말씀

민수기 1:2 너희는 이스라엘 자손의 모든 회중 각 남자의 수를 그들의 종족과 조상의 가문에 따라 그 명수대로 계수할지니

민수기 14:29 너희 시체가 이 광야에 엎드러질 것이라 너희 중에서 이십 세 이상으로서 계수된 자 곧 나를 원망한 자 전부가

민수기 36:2 이르되 여호와께서 우리 주에게 명령하사 이스라엘 자손에게 제비 뽑아 그 기업의 땅을 주게 하셨고 여호와께서 또 우리 주에게 명령하사 우리 형제 슬로브핫의 기업을 그의 딸들에게 주게 하셨은즉

숲보기

〈민수기〉의 첫 부분은 〈출애굽기〉가 끝나는 시점으로부터 약 한 달 이후의 일로 시작합니다. 이스라엘은 시내 광야에서 1차 인구조사를 행한 후에 가데스 바네아로 행진하게 되는데, 이는 이스라엘이 애굽을 떠난 지 거의 14개월 만에 완벽한 조직과 군

대의 모습을 갖추게 된 것으로 실로 놀라운 일이었습니다. 하지만 가데스 바네아에서 가나안으로 보냈던 열두 정탐꾼 가운데 열 명의 보고는 모든 백성의 마음을 겁에 질리게 했고, 결국 하나님의 계획에 불순종한 출애굽세대는 광야에서 보내는 40년의 세월 동안 모두 죽게 됩니다. 40년 광야 기간은 그들을 향한 시험과 훈련의 시간이었으며, 명실 공히 하나님의 군대로 모습을 갖춰가는 시간이었습니다. 그렇게 40여 년의 광야 기간을 지낸 후, 모세는 출애굽세대의 자녀들인 만나세대를 대상으로 2차 인구조사를 실시했고, 요단 동편에서 정복한 땅을 르우벤, 갓, 므낫세 반 지파에게 나누는 일도 감당했습니다.

한눈에 보기

- 민 1장-10:10 …… 만나세대의 형성 …… ➤
  - 1-2장 : 다섯이 백을 이깁니다!
  - 3-4장 : 제사장 나라 회막, 공직자 8,580명!
  - 5-6장 : 나실인, 대제사장급 헌신
  - 7-8장 : 화려한 작업복은 없지만!
  - 9장-10:10 : 시내산 캠프 1년 종료
- 민 10:11-21장 …… 가데스 바네아에서의 선택 …… ➤
  - 10:11-12장 : 정말 사소한 것
  - 13-14장 : 10 대 2가 만든 40년
  - 15-17장 : 이스라엘의 불순종에 대한 눈높이 기적
  - 18-19장 : 소금 언약
  - 20-21장 : 가나안에 갈 수 없게 된 모세
- 민 22-36장 …… 성공적 계승 …… ➤
  - 22-25장 : 레반트 국가들의 긴장
  - 26-27장 : 두 번째 인구조사
  - 28-30장 : 거룩한 절기와 제사
  - 31-32장 : 모세와 요단 동편 땅들
  - 33-36장 : 제사장 나라 '공간' 이야기

5 신명기

시작은 모압 평지에서 두 달간 율법을 교육하는 것이며(신 1:1), 중간은 "네 자녀에게 가르치라"(신 11:19), 즉 쉐마 이야기이고, 끝은 느보산에서의 모세의 죽음입니다(신 34:5).

말씀

신명기 1:1 이는 모세가 요단 저쪽 숩 맞은편의 아라바 광야 곧 바란과 도벨과 라반과 하세롯과 디사합 사이에서 이스라엘 무리에게 선포한 말씀이니라

신명기 11:19 또 그것을 너희의 자녀에게 가르치며 집에 앉아 있을 때에든지, 길을 갈 때에든지, 누워 있을 때에든지, 일어날 때에든지 이 말씀을 강론하고

신명기 34:5 이에 여호와의 종 모세가 여호와의 말씀대로 모압 땅에서 죽어

숲보기

'신명기(申命記)'의 '신(申)'은 '거듭하다, 되풀이하다, 경계하다'라는 뜻의 글자입니다. 〈신명기〉는 약 40년 전 시내산에서 하나님의 말씀을 전했던 모세가 이제 자신의 생이 끝나가는 시점에 사랑하는 이스라엘 백성에게 마지막으로 들려주는 설교들의 모음입니다. 모세는 지나온 역사를 짧게 요약하여 회고하면서 설교를 시작합니다. 앞으로 만나세대가 가나안에 들어가 정착한 후에 지키며 살아야 할 하나님의 율법을 다시 한번 상세하게 설명해주고, 복과 저주의 갈림길에서 생명의 길을 선택하며 살아가기를 바라며 "하나님을 사랑하라."라는 간절한 당부를 남깁니다.

한눈에 보기

- 신 1-11장 ········ 역사와 사랑 ········>
  - 1-2장 : 광야 여정에 대한 회고와 반성
  - 3-4장 : 60만 명, 율법 대박
  - 5-6장 : 하나님을 사랑하라
  - 7-9장 : 거룩한 문화
  - 10-11장 : 천 대를 이을 천수답(天水畓)
- 신 12-26장 ········ 역사와 율법 ········>
  - 12-14장 : 너무 멀면, 돈 주고 사라
  - 15-17장 : 종이 주인 되었을 때
  - 18-21장 : 겁내는 자, 집으로 가라
  - 22-26장 : 태형은 40대까지
- 신 27-34장 ········ 역사와 미래 ········>
  - 27-28장 : 언약에 따른 복과 저주
  - 29-30장 : 율법? 쉽다!
  - 31-32장 : 국민가요
  - 33-34장 : 모세의 리더십

6 여호수아

시작은 여호수아를 향한 하나님의 명령 "**요단강을 건너가라**"이며(수 1:2), 중간은 가나안 땅 분배 이야기이고(수 14:1), 끝은 **요셉**의 뼈를 세겜에 **장사**하는 이야기입니다(수 24:32).

말씀

여호수아 1:2 내 종 모세가 죽었으니 이제 너는 이 모든 백성과 더불어 일어나 이 요단을 건너 내가 그들 곧 이스라엘 자손에게 주는 그 땅으로 가라

여호수아 14:1 이것은 이스라엘 자손이 가나안 땅에서 받은 기업 곧 제사장 엘르아살과 눈의 아들 여호수아와 이스라엘 자손 지파의 족장들이 분배한 것이니라

여호수아 24:32 또 이스라엘 자손이 애굽에서 가져 온 요셉의 뼈를 세겜에 장사하였으니 이곳은 야곱이 백 크시타를 주고 세겜의 아버지 하몰의 자손들에게서 산 밭이라 그것이 요셉 자손의 기업이 되었더라

숲보기

모세를 통해 40여 년간 광야에서 말씀으로 훈련된 여호수아와 만나세대는 약 5년간 치열한 전쟁을 치르며 가나안 땅을 담대히 정복해갑니다. 이 전쟁이 단순한 정복 전쟁이 아니라 하나님께 순종함으로써 승리를 얻은 전쟁이라는 사실을 〈여호수아〉 곳곳에서 확인할 수 있습니다. 요단 서편 31명 왕들과의 전투에서 모두 승리한 후, 이스라엘 백성은 각 지파의 규모에 맞게 제비뽑기로 땅을 분배합니다. 이 일은 하나님께서 창세기 12장에서 아브라함에게 약속을 주신 이후 계속 말씀하시던 땅에 대한 약속이 드디어 성취되는 것입니다.

한눈에 보기

• 수 1-12장	만나세대의 계승과 도전	1-2장 : 500년 만의 성취 3-5장 : 할례와 유월절 6-8장 : '음성' 파워 9-12장 : 5년간의 전쟁, 두려움에서 용기로
• 수 13-24장	삶의 터전, 하나님의 복	13-17장 : 갈렙, 여호수아의 자랑 18-19장 : 땅 이름 수백 개 20-22장 : 48개 관공서, 레위인 성읍 23-24장 : 여호수아의 유언

7 사사기

시작은 **유다 지파**와 시므온 지파의 **땅 정복**이며(삿 1:3), 중간은 길르앗 입다 이야기이고(삿 11:1), 끝은 **베냐민 지파**의 **쇠락**과 총회의 결정 이야기입니다(삿 21:5).

말씀

사사기 1:3 유다가 그의 형제 시므온에게 이르되 내가 제비 뽑아 얻은 땅에 나와 함께 올라가서 가나안 족속과 싸우자 그리하면 나도 네가 제비 뽑아 얻은 땅에 함께 가리라 하니 이에 시므온이 그와 함께 가니라

사사기 11:1 길르앗 사람 입다는 큰 용사였으니 기생이 길르앗에게서 낳은 아들이었고

사사기 21:5 이스라엘 자손이 이르되 이스라엘 온 지파 중에 총회와 함께 하여 여호와 앞에 올라오지 아니한 자가 누구냐 하니 이는 그들이 크게 맹세하기를 미스바에 와서 여호와 앞에 이르지 아니하는 자는 반드시 죽일 것이라 하였음이라

숲보기

〈사사기〉는 여호수아에 의해 이루어진 가나안 정복 이후, 가나안 땅에 정착한 이스라엘의 모습을 보여줍니다. 하지만 가나안 땅을 완전히 정복한 것은 아니었습니다. 아직도 가나안 족속이 그 땅 곳곳에 남아 있는 모습을 볼 수 있습니다. 그 결과, 시간이 점차 지날수록 가나안 사람들이 섬기던 우상을 따라 섬기기 시작한 이스라엘은 하나님의 마음을 아프게 합니다. 하나님께서는 그들의 죄를 깨닫게 하시고, 그들의 마음을 돌이키시고자, 주변 민족들을 들어 이스라엘을 징계하십니다. 이스라엘은 고통이 닥쳐올 때만 하나님을 다시 찾고, 하나님께서는 그때마다 기드온, 입다, 삼손 같은 '사사'들을 보내셔서 백성을 구원해주십니다. 하지만 이스라엘은 고통이 멈추면 다시 그 이전의 죄악 된 상태로 돌아가는 어리석음을 반복합니다. 그들을 향한 하나님의 안타까운 징계와 사랑의 구원 사역도 계속 반복됩니다.

한눈에 보기

- 삿 1-5장 ······ 교육의 실패 ······> 1장-2:10 : 만나세대의 세 번째 울음 / 2:11-5장 : 출애굽·만나·제3세대
- 삿 6-12장 ······ 계속되는 어두운 터널 ······> 6-7장 : 전쟁이 300 용사를 만든다! / 8-9장 : 아버지의 성공과 아들의 실패 / 10-12장 : '쉽'과 '십'
- 삿 13-21장 ······ 기초가 무너진 사회 ······> 13-16장 : 나실인 삼손 / 17-18장 : 기초가 무너진 사회 / 19-21장 : 소견대로 비상 총회

8 룻기

시작은 나오미 집안이 **모압**으로 **이주**하는 것이며(룻 1:2), 중간은 룻과 보아스의 만남 이야기이고(룻 2:3), 끝은 **보아스**의 **족보**입니다(룻 4:21).

말씀

룻기 1:2 그 사람의 이름은 엘리멜렉이요 그의 아내의 이름은 나오미요 그의 두 아들의 이름은 말론과 기룐이니 유다 베들레헴 에브랏 사람들이더라 그들이 모압 지방에 들어가서 거기 살더니

룻기 2:3 룻이 가서 베는 자를 따라 밭에서 이삭을 줍는데 우연히 엘리멜렉의 친족 보아스에게 속한 밭에 이르렀더라

룻기 4:21 살몬은 보아스를 낳았고 보아스는 오벳을 낳았고

숲보기

〈룻기〉의 배경은 사사 시대입니다. 엘리멜렉과 나오미는 두 아들과 함께 하나님의 징계인 흉년을 피해 베들레헴에서 모압으로 이민을 떠났습니다. 결국 그곳에서 남편과 두 아들을 잃은 나오미는 하나님의 뜻을 깨닫고 고향 베들레헴으로 돌아오게 되는데, 이때 모압 출신 며느리 룻도 함께 옵니다. 살아 계신 하나님에 대한 믿음을 키워가던 효성 지극한 여인 룻, 그리고 삶의 한복판에서 율법을 실천하며 살아가는 믿음의 사람 보아스의 만남은 결코 우연이 아니었습니다. 〈룻기〉 마지막 부분에 나오는 족보를 통해, 우리는 보아스와 룻의 자손 오벳으로부터 다윗까지 이어지는 하나님의 놀라운 섭리를 확인하게 됩니다.

한눈에 보기

• 룻 1-4장 ······ 교육의 성공 사례 ······>

1장 : 아픔 가운데 성숙
2장 : 진흙 속에 빛나는 진주
3장-4:17 : 축복 받는 가정의 탄생
4:18-22 : 어머니의 무릎 위에 앉아서

2. 왕정 500년

9 사무엘상

시작은 한나의 기도이며(삼상 1:12), 중간은 다윗의 첫 번째 기름 부음 이야기이고(삼상 16:13), 끝은 80세 된 사울의 자결입니다(삼상 31:4).

말씀

사무엘상 1:12 그가 여호와 앞에 오래 기도하는 동안에 엘리가 그의 입을 주목한즉

사무엘상 16:13 사무엘이 기름 뿔병을 가져다가 그의 형제 중에서 그에게 부었더니 이 날 이후로 다윗이 여호와의 영에게 크게 감동되니라 사무엘이 떠나서 라마로 가니라

사무엘상 31:4 그가 무기를 든 자에게 이르되 네 칼을 빼어 그것으로 나를 찌르라 할례 받지 않은 자들이 와서 나를 찌르고 모욕할까 두려워하노라 하나 무기를 든 자가 심히 두려워하여 감히 행하지 아니하는지라 이에 사울이 자기의 칼을 뽑아서 그 위에 엎드러지매

숲보기

〈사무엘상〉은 이스라엘의 마지막 사사인 사무엘의 탄생부터 이스라엘의 초대 왕 사울의 죽음까지, 이스라엘 사회가 사사 시대에서 왕정 시대로 넘어가는 과도기적 상황을 다루고 있습니다. 〈사무엘상〉은 등장인물을 기준으로 하여 세 부분으로 나눌 수 있는데, 처음 부분은 사무엘을 중심으로, 중간 부분은 사울을 중심으로, 마지막 부분은 다윗을 중심으로 하고 있습니다. 사무엘은 어두운 사사 시대의 흐름을 끊고, 이스라엘을 하나님 앞으로 돌아오게 하는 데 큰 역할을 감당한 위대한 지도자였습니다. 하지만 그런 사무엘이 나이 들어 늙자, 이스라엘 백성은 왕정을 요구하게 되고 그 흐름 속에서 사울이 초대 왕으로 기름 부음을 받습니다. 처음엔 여러모로 괜찮았던 사울이 권력에 취해 하나님의 뜻을 거역하게 되자, 하나님께서는 마음 중심이 곧은 다윗을 다음 왕으로 예선하십니다.

한눈에 보기

• 삼상 1-7장	미스바세대	1-3장 : 한나의 제사장 나라 기도 4-7장 : 미스바세대 탄생
• 삼상 8-16장	시대를 향한 근심	8-10장 : 제사장 나라 제도 vs. 왕정 제도 11-12장 : 사무엘 퇴임사 13-14장 : 왕정 500년의 시작 15-16장 : 사울의 권력 사유화
• 삼상 17-31장	임명권자	17-18장 : 다윗과 요나단 19장 : 사울과 맞서지 않는 다윗 20-21장 : 기도로 여는 하늘 문 22장 : 사울의 공포 정치 23-24장 : 하나님의 임명권 25-26장 : 3,000명을 잠들게 하신 이유 27-31장 : 망명지에 들려온 조국의 슬픈 소식

10 사무엘하

시작은 사울 죽음에 대한 **다윗**의 **애가**이며(삼하 1:12), 중간은 하나님께서 다윗의 성전 건축을 허락하신 이야기이고(삼하 7:13), 끝은 **다윗**의 아라우나 타작마당 **제사**입니다(삼하 24:24).

말씀

사무엘하 1:12 사울과 그의 아들 요나단과 여호와의 백성과 이스라엘 족속이 칼에 죽음으로 말미암아 저녁 때까지 슬퍼하여 울며 금식하니라

사무엘하 7:13 그는 내 이름을 위하여 집을 건축할 것이요 나는 그의 나라 왕위를 영원히 견고하게 하리라

사무엘하 24:24 왕이 아라우나에게 이르되 그렇지 아니하다 내가 값을 주고 네게서 사리라 값 없이는 내 하나님 여호와께 번제를 드리지 아니하리라 하고 다윗이 은 오십 세겔로 타작 마당과 소를 사고

숲보기

〈사무엘상〉이 다윗의 예선전을 보여준다면, 〈사무엘하〉는 그의 본선을 보여주는 책입니다. 다시 말해 〈사무엘상〉이 다윗이 이스라엘의 왕이 되기 전, 그가 어떤 믿음과 인내로 훈련의 기간을 이겨나갔는지를 보여주었다면, 〈사무엘하〉는 그가 이스라엘의 왕으로서 어떻게 국가를 하나님의 공의로 통치하는지를 보여주고 있습니다. 유다 지파만의 왕으로 헤브론에서 7년 반을 통치했던 다윗은 민족의 통일을 염원하는 가운데 때를 기다린 결과, 북쪽 지파들 전체의 동의를 얻어 통일 왕국의 왕으로 추대됩니다. 예루살렘을 새 수도로 정하고, 하나님의 법궤를 예루살렘으로 옮겨온 다윗은 하나님을 향한 깊은 신앙의 소유자였을 뿐만 아니라, 나라 전체를 공과 의로 다스렸던 훌륭한 왕이었습니다. 물론 다윗 또한 실수나 죄를 범하는 사람이었지만, 그때마다 자신의 죄를 고백하고 하나님 앞에 무릎을 꿇는 겸손함을 보여주었습니다.

한눈에 보기

- 삼하 1-10장 ········ 세 번의 기름 부음 ········➤
  - 1-2장 : 유다 지파의 왕으로 추대된 다윗
  - 3장-5:5 : 다윗의 세 번째 기름 부음과 통일왕조 수립
  - 5:6-6장 : 1,000년의 정치 의제
  - 7-10장 : 성전 건축과 다윗
- 삼하 11-24장 ······· 우슬초 정결 ········➤
  - 11-12장 : 우슬초 정결
  - 13-14장 : 험악한 형제 갈등
  - 15장 : 쿠데타 이야기 1 - 압살롬의 반역
  - 16-17장 : 쿠데타 이야기 2 - 쿠데타 일반 심리
  - 18-20장 : 쿠데타 이야기 3 - 친위쿠데타
  - 21-22장 : 3년 기근 사건
  - 23-24장 : 민수기 인구조사 vs. 다윗의 인구조사

11
열왕기상

시작은 솔로몬 왕의 즉위이며(왕상 1:38), 중간은 솔로몬의 성전 낙성식이고(왕상 8:11), 끝은 아람과의 전쟁에서 아합이 죽는 이야기입니다(왕상 22:34).

말씀

열왕기상 1:38 제사장 사독과 선지자 나단과 여호야다의 아들 브나야와 그렛 사람과 블렛 사람이 내려가서 솔로몬을 다윗 왕의 노새에 태우고 인도하여 기혼으로 가서

열왕기상 8:11 제사장이 그 구름으로 말미암아 능히 서서 섬기지 못하였으니 이는 여호와의 영광이 여호와의 성전에 가득함이었더라

열왕기상 22:34 한 사람이 무심코 활을 당겨 이스라엘 왕의 갑옷 솔기를 맞힌지라 왕이 그 병거 모는 자에게 이르되 내가 부상하였으니 네 손을 돌려 내가 전쟁터에서 나가게 하라 하였으나

숲보기

〈열왕기상〉은 크게 세 부분으로 나눌 수 있습니다. 첫째는 다윗의 죽음과 그 왕위를 물려받는 솔로몬 이야기이고(1~2장), 둘째는 솔로몬의 통치와 업적, 특히 성전을 건축하는 이야기입니다(3~11장). 마지막은 솔로몬이 죽은 후, 나라가 남유다와 북이스라엘로 분열되는 이야기와 남과 북의 각 왕조에서 등장하는 여러 왕의 이야기가 번갈아 가면서 나오는 부분입니다(12~22장). 왕들을 평가하시는 하나님의 기준은 그들이 천년모범 다윗의 길을 따르는가, 아니면 북이스라엘 안에 금송아지 우상을 들여온 여로보암의 길을 따르는가였습니다.

한눈에 보기

- 왕상 1-10장 ……… 열방을 향한 성전 ………→
  - 1-2장 : 신앙적 유언, 정치적 유언
  - 3-4장 : 솔로몬의 지혜
  - 5-7장 : 1,000년 성전 개막
  - 8장 : 세계 정치 선언 기도 : 성전 낙성식
  - 9-10장 : 모든 민족을 위한 '이방인의 뜰'
- 왕상 11-22장 ……… 멀어져 가는 사명 ………→
  - 11장 : 솔로몬 통치 후반기
  - 12-14장 : 200년의 남북 분단
  - 15장-16:20 : 여로보암의 길
  - 16:21-17장 : 갈멜산 대결
  - 18-19장 : 갈멜산 대결의 결말
  - 20-22장 : 이세벨, 율법 악용으로 나봇 살해

12 열왕기하

시작은 **엘리야**와 아하시야 왕이 만난 이야기이며(왕하 1:2-3), 중간은 북이스라엘의 멸망이고(왕하 17:6), 끝은 **남유다**의 **멸망**입니다(왕하 25:9).

말씀

열왕기하 1:2-3 아하시야가 사마리아에 있는 그의 다락 난간에서 떨어져 병들매 사자를 보내며 그들에게 이르되 가서 에그론의 신 바알세붑에게 이 병이 낫겠나 물어 보라 하니라 여호와의 사자가 디셉 사람 엘리야에게 이르되 너는 일어나 올라가서 사마리아 왕의 사자를 만나 그에게 이르기를 이스라엘에 하나님이 없어서 너희가 에그론의 신 바알세붑에게 물으러 가느냐

열왕기하 17:6 호세아 제구년에 앗수르 왕이 사마리아를 점령하고 이스라엘 사람을 사로잡아 앗수르로 끌어다가 고산 강 가에 있는 할라와 하볼과 메대 사람의 여러 고을에 두었더라

열왕기하 25:9 여호와의 성전과 왕궁을 불사르고 예루살렘의 모든 집을 귀인의 집까지 불살랐으며

숲보기

남유다와 북이스라엘이 하나님을 외면하고 우상을 섬기면서 멸망으로 달려가는 가운데, 그들을 돌이키시려는 하나님의 노력은 눈물겹기까지 합니다. 하나님께서는 포기하지 않으시고 엘리야에 이어 엘리사 선지자를 보내십니다. 그리고 또 많은 선지자를 보내어 책망하기도 하시고 달래기도 하십니다. 그러나 돌아오라는 하나님의 부탁을 끝내 거부했던 북이스라엘은 결국 북쪽에서 내려온 앗수르 제국에 의해 멸망하고 맙니다. 그때가 B.C.722년입니다. 남유다 역시 결국 B.C.586년에 바벨론 제국에 의해 멸망하고 포로로 끌려가게 됩니다.

한눈에 보기

- 왕하 1-14장 ········ 사랑의 줄, 사명의 줄 ········▶
  - 1-2장 : 엘리야에서 엘리사로
  - 3-5장 : 엘리사의 기적들의 의미
  - 6-8장 : 하나님의 기적
  - 9-10장 : 예후의 1, 2차 종교개혁
  - 11-14장 : 아모스, 호세아, 요나의 역사적 배경
- 왕하 15-25장 ········ 왕정 총결산 ········▶
  - 15-16장 : 앗수르 제국 등장
  - 17장-18:12 : 800년 사마리아인 시작
  - 18:13-37 : 히스기야의 선택
  - 19장 : 히스기야, 성전에서 승리하다!
  - 20장 : 히스기야, 통곡 기도로 병이 낫다
  - 21-23장 : 왕정 총결산
  - 24장 : 제국과 선지자 예레미야
  - 25장 : 예레미야 70년

13 잠언

시작은 다윗의 아들 **솔로몬**의 **잠언**이며(잠 1:1), 중간은 지혜 있는 자의 혀 이야기이고(잠 15:2), 끝은 **르무엘** 왕의 **어머니**의 훈계입니다(잠 31:1).

말씀

잠언 1:1 다윗의 아들 이스라엘 왕 솔로몬의 잠언이라

잠언 15:2 지혜 있는 자의 혀는 지식을 선히 베풀고 미련한 자의 입은 미련한 것을 쏟느니라

잠언 31:1 르무엘 왕이 말씀한 바 곧 그의 어머니가 그를 훈계한 잠언이라

숲보기

〈잠언〉의 전체적인 주제를 한마디로 요약하자면 '지혜'입니다. 솔로몬은 〈잠언〉에서 다양한 방법으로 지혜를 설명합니다. 〈잠언〉에서는 지혜가 사람처럼 잔치를 벌이고 우리를 초대하기도 하고, 지혜가 있는 사람과 지혜가 없는 사람이 어떻게 다른지 비교하면서 설명해주기도 합니다. 〈잠언〉은 지혜란, 결코 지혜로운 사람들의 가르침이나 인위적인 노력을 통해서 얻어지는 것이 아니라, 오직 '여호와를 경외하는 마음'에서 오는 것임을 강조합니다.

한눈에 보기

• 잠 1-31장 ········ 마음과 지혜 ········→

1-5장 : 세상 지혜에는 없는 것
6-9장 : 지혜와 미련함의 갈림길
10-15장 : 지혜자와 동행하면
16-20장 : 인생의 참 행복
21-24장 : 악인의 형통함을 부러워 말라
25-29장 : 미련한 자의 특징
30-31장 : 진주보다 귀한 여인

14 아가

시작은 솔로몬과 **술람미 여인**의 만남이며(아 1:15), 중간은 나의 사랑이 어여쁘다는 이야기이고(아 4:1), 끝은 **사랑은 죽음보다 강하다**는 솔로몬의 이야기입니다(아 8:6).

말씀

아가 1:15 내 사랑아 너는 어여쁘고 어여쁘다 네 눈이 비둘기 같구나

아가 4:1 내 사랑 너는 어여쁘고도 어여쁘다 너울 속에 있는 네 눈이 비둘기 같고 네 머리털은 길르앗 산 기슭에 누운 염소 떼 같구나

아가 8:6 너는 나를 도장 같이 마음에 품고 도장 같이 팔에 두라 사랑은 죽음 같이 강하고 질투는 스올 같이 잔인하며 불길 같이 일어나니 그 기세가 여호와의 불과 같으니라

숲보기

〈아가〉는 '노래들 중의 노래' 또는 '가장 아름다운 노래'를 의미합니다. 〈아가〉는 솔로몬과 술람미 여인 사이에서 이루어진 순결하고도 아름다운 사랑을 보여주고 있습니다. 〈아가〉는 하나님의 창조물인 인생들의 사랑을 통해 궁극적으로 하나님의 선하심과 거룩하신 계획을 찬양합니다. 〈아가〉에서 묘사하고 있는 사랑에는 그 어떤 장벽도 없으며, 서로를 향한 온전한 정성과 배려, 헌신과 책임이 담겨 있습니다. 〈아가〉의 이 사랑은 우리를 신부로 삼으신 예수 그리스도의 십자가 사랑으로 완성됩니다.

한눈에 보기

- 아 1-4장 ········ 사랑이란 무엇인가? ········> 1장 : 사랑은 한계를 넘어서는 것 / 2장 : 사랑은 서로에 대해 집중하는 것 / 3장 : 사랑은 서로를 배려하는 것 / 4장 : 사랑은 세밀한 관심을 갖는 것
- 아 5-8장 ········ 진실한 사랑 ········> 5장 : 사랑은 서로를 높여 주는 것 / 6장 : 사랑은 서로에게 속하는 것 / 7장 : 사랑은 자신을 내어 주는 것 / 8장 : 사랑은 죽음까지도 이기는 것

15 전도서

시작은 해 아래 모든 수고가 헛되다는 것이며(전 1:3), **중간은 잔칫집보다 초상집에 가라는 이야기이고**(전 7:2), **끝은 청년의 때 창조주를 기억하라는 솔로몬의 당부입니다**(전 12:1).

말씀

전도서 1:3 해 아래에서 수고하는 모든 수고가 사람에게 무엇이 유익한가

전도서 7:2 초상집에 가는 것이 잔칫집에 가는 것보다 나으니 모든 사람의 끝이 이와 같이 됨이라 산 자는 이것을 그의 마음에 둘지어다

전도서 12:1 너는 청년의 때에 너의 창조주를 기억하라 곧 곤고한 날이 이르기 전에, 나는 아무 낙이 없다고 할 해들이 가깝기 전에

숲보기

“헛되고 헛되며 헛되고 헛되니 모든 것이 헛되도다”(전 1:2). 전도자의 첫 선포는 곧 〈전도서〉 전체의 주제입니다. 많은 사람이 이 땅에 사는 동안 온갖 권모와 술수를 부려 부와 안락을 찾아다니고, 그것이 마치 세상을 잘사는 지혜인양 떠들고 있을 때, 이미 그 누구보다 더 많은 것을 누려본 솔로몬은 하나님을 떠난 모든 것이 결국은 다 헛된 일이라고 단호히 외칩니다. 솔로몬은 〈전도서〉를 통해 하나님을 경외하며 공의와 정의를 행하는 것이야말로 한 번뿐인 인생을 진실로 가치 있게 살아가는 참 지혜라고 가르쳐줍니다.

한눈에 보기

- 전 1-12장 ········ 유한 인생 무한 지혜 ········➤ 1-3장 : 수고와 헛수고 / 4-7장 : 하나님 없는 인생은? / 8-12장 : ‘헛되다’를 배우다

16 욥기

시작은 **하나님의 자랑 욥** 이야기이며(욥 1:8), 중간은 하나님의 질문이 시작되는 이야기이고(욥 38:1),끝은 친구들을 위한 **욥의 기도**입니다(욥 42:10).

말씀

욥기 1:8 여호와께서 사탄에게 이르시되 네가 내 종 욥을 주의하여 보았느냐 그와 같이 온전하고 정직하여 하나님을 경외하며 악에서 떠난 자는 세상에 없느니라

욥기 38:1 그 때에 여호와께서 폭풍우 가운데에서 욥에게 말씀하여 이르시되

욥기 42:10 욥이 그의 친구들을 위하여 기도할 때 여호와께서 욥의 곤경을 돌이키시고 여호와께서 욥에게 이전 모든 소유보다 갑절이나 주신지라

숲보기

〈욥기〉는 인간에게 고난의 문제는 쓸모없는 것이 아니라, 우리 안에 보석을 만드는 과정임을 알려주는 책입니다. 정직하고 의로우며 경건한 생활로 하나님과 사람들에게 칭찬 듣던 욥에게 어느 날 큰 고난이 닥쳐옵니다. 많은 재산과 자식을 한순간에 잃고 고통스러운 병에 걸려 신음하게 된 욥은 그럼에도 불구하고 하나님을 향한 신뢰를 잃지 않습니다. 그런데 욥을 찾아온 세 명의 친구는 모든 고난이 죄에 대한 하나님

의 징벌이라는 논리를 가지고 욥을 정죄하고, 욥은 자신의 결백을 주장하며 하나님의 대답을 간구합니다. 해결의 기미 없이 반복되던 세 친구와 욥의 대화 후, 하나님께서는 인생들이 감히 헤아릴 수도 없는 하나님의 권능과 지혜에 대해 말씀하십니다. 도저히 이해할 수 없는 고난이 다가왔을 때 고난을 통해 순금같이 단련되었던 믿음의 사람, 그가 바로 욥입니다.

한눈에 보기

• 욥 1-42장 ········ 눈물과 하늘 보석 ········➤

1-3장 : 의인의 고난
4-7장 : 엘리바스의 책망
8-10장 : 네 시작은 미약하였으나?
11-14장 : 하나님께 호소하기
15-17장 : 가슴속 울음소리
18-19장 : 오직 소망의 대상
20-21장 : 진실한 사랑이 없는 친구들
22-24장 : 하나님을 갈망하는 욥
25-31장 : 심판 날을 기다리는 욥
32-37장 : 하나님과의 대면 임박
38-40장 : 욥, 하나님의 자랑이 되다

17 시편

시작은 복 있는 사람의 길이 무엇인지 알려주는 것이며(시 1:1), 중간은 오직 재판장이신 하나님 이야기이고(시 75:7), 끝은 호흡이 있는 자마다 찬양하라는 이야기입니다(시 150:6).

말씀

시편 1:1 복 있는 사람은 악인들의 꾀를 따르지 아니하며 죄인들의 길에 서지 아니하며 오만한 자들의 자리에 앉지 아니하고

시편 75:7 오직 재판장이신 하나님이 이를 낮추시고 저를 높이시느니라

시편 150:6 호흡이 있는 자마다 여호와를 찬양할지어다 할렐루야

숲보기

〈시편〉은 하나님에 대한 찬양과 경배를 드리기 위해 쓰인 이스라엘의 기도서이자 찬양의 책입니다. 한 가지로 정해진 분류는 없지만, 일반적으로 하나님께 도움을 요청하는 탄원시, 공동체나 개인이 부르는 찬양이 담긴 찬양시, 하나님의 왕권을 찬양하

는 제왕시, 교훈과 지혜를 가르치는 지혜시, 성전에서 드리는 예배를 배경으로 하는 예배시 등으로 나눌 수 있습니다.

한눈에 보기

• 시 1-150편 ········ 시와 찬미 ········➤

1-9편 : 시와 찬미
10-18편 : 오직 주만 나의 복입니다
19-27편 : 율법, 송이꿀보다 달다
28-33편 : 노염은 잠깐, 은총은 평생
35-41편 : 불의를 행하는 자들을 시기하지 말라
42-53편 : 새벽에 하나님이 도우십니다
54-66편 : 나의 눈물을 주의 병에 담으소서
67-72편 : 황소를 드림보다 찬양을
73-78편 : 성소에 들어갔을 때 깨달은 것
79-85편 : 주의 얼굴빛을 비추사
86-89편 : 두 손 들고 부르짖습니다
90-102편 : 새 노래로 찬양하라
103-106편 : 내 영혼아 여호와를 송축하라
107-118편 : 다윗은 메시아를 노래합니다
119편 : 나의 명철함이 스승보다, 노인보다
120-134편 : 하나님의 도움을 찬양
135-142편 : 입술에 파수꾼을
143-150편 : 신앙인 다윗의 찬양

18 아모스

시작은 **각 나라**의 서너 가지 **죄**를 지적하는 것이며(암 1:3), 중간은 바산의 암소들에 대한 이야기이고(암 4:1), 끝은 **남은 자들이 본토**에 심기리라는 예언입니다(암 9:15).

말씀

아모스 1:3 여호와께서 이와 같이 말씀하시되 다메섹의 서너 가지 죄로 말미암아 내가 그 벌을 돌이키지 아니하리니 이는 그들이 철 타작기로 타작하듯 길르앗을 압박하였음이라

아모스 4:1 사마리아의 산에 있는 바산의 암소들아 이 말을 들으라 너희는 힘 없는 자를 학대하며 가난한 자를 압제하며 가장에게 이르기를 술을 가져다가 우리로 마시게 하라 하는도다

아모스 9:15 내가 그들을 그들의 땅에 심으리니 그들이 내가 준 땅에서 다시 뽑히지 아니하리라 네 하나님 여호와의 말씀이니라

숲보기

아모스는 남유다의 작은 성읍 드고아 출신으로서 북이스라엘에 가서 하나님의 말씀을 전했던 선지자입니다. 〈아모스〉의 첫 부분은 아람, 블레셋, 두로, 에돔, 암몬, 모압 같은 다른 민족에 대한 심판 메시지로 시작됩니다. 여기까지 아모스의 예언을 들었던 북이스라엘 백성은 그의 예언을 환영했을 것입니다. 왜냐하면 아모스가 심판을 예언했던 나라들은 그동안 이스라엘이 멸시하던 민족들이었기 때문입니다. 하지만 곧바로 아모스의 심판 예언은 북이스라엘로 이어집니다. 아모스는 특별히 사회의 기득권층이었던 부자들과 국가 관리들, 제사장들을 향해 그들이 사회를 정의롭게 이끌지 못하고 오히려 가난하고 힘없는 사람들을 억압하고 수탈하는 것에 대해 그 죄악을 강하게 지적합니다. 아무리 많은 예물과 십일조를 바친다 해도 가난한 자와 불쌍한 사람들을 돌보지 않는다면, 하나님께서는 그들의 예배를 기뻐하지 않으신다는 사실을 분명히 선포합니다.

한눈에 보기

• 암 1-5장	나라들에 대한 심판 선언	1장 : 다메섹, 가사, 에돔, 암몬에 대한 심판 선언 2장 : 모압, 유다, 이스라엘에 대한 심판 선언 3-5장 : 북이스라엘 민족의 죄악
• 암 6-9장	정의를 강물같이	6장 : 사마리아 지도층의 죄악 7장 : 거짓 선지자 아마샤에 대한 심판 선언 8장 : 끝이 이른 이스라엘 9장 : 또 다른 희망을 위한 새로운 시작

19 호세아

시작은 호세아와 고멜의 결혼 이야기이며(호 1:2)**, 중간은 우리가 여호와께 돌아가자는 이야기이고**(호 6:1)**, 끝은 긍휼의 하나님께 돌아오라는 호세아의 절규입니다**(호 14:1)**.**

말씀

호세아 1:2 여호와께서 처음 호세아에게 말씀하실 때 여호와께서 호세아에게 이르시되 너는 가서 음란한 여자를 맞이하여 음란한 자식들을 낳으라 이 나라가 여호와를 떠나 크게 음란함이니라 하시니

호세아 6:1 오라 우리가 여호와께로 돌아가자 여호와께서 우리를 찢으셨으나 도로 낫게 하실 것이요 우리를 치셨으나 싸매어 주실 것임이라

호세아 14:1 이스라엘아 네 하나님 여호와께로 돌아오라 네가 불의함으로 말미암아 엎드러졌느니라

숲보기

호세아 선지자는 북이스라엘에서 아모스 선지자와 비슷한 시기, 혹은 좀 더 후에 활동했던 선지자입니다. 호세아 선지자의 생애는 참으로 쉽지 않았습니다. 그는 하나님의 명령을 따라 음란한 여자 고멜을 아내로 맞이하여 음란한 자식을 낳으면서 그 시대 북이스라엘을 향하신 하나님의 마음을 이해하게 됩니다. 괘씸한 이스라엘에게 매를 대시면서도 그들에 대한 사랑을 끝까지 버리지 못하시는 하나님의 마음을 깊이 깨닫게 된 것입니다. 호세아는 하나님께로 돌아가자고 백성에게 눈물로 호소하는 사랑의 선지자의 모습을 보여줍니다.

한눈에 보기

- 호 1-14장 ········ 제사보다 사랑을 원한다 ········➤ 1-4장 : 호세아 선지자의 타는 마음 / 5-9장 : 호세아의 선언 / 10-14장 : 불붙는 긍휼, 십자가 예고

20 요나

시작은 다시스로 향하는 배에 오른 요나 이야기이며(욘 1:3), 중간은 물고기 뱃속에 들어간 요나 이야기이고(욘 1:17), 끝은 박넝쿨 비유를 통해 하나님의 마음을 깨달은 요나 이야기입니다(욘 4:11).

말씀

요나 1:3 그러나 요나가 여호와의 얼굴을 피하려고 일어나 다시스로 도망하려 하여 욥바로 내려갔더니 마침 다시스로 가는 배를 만난지라 여호와의 얼굴을 피하여 그들과 함께 다시스로 가려고 배삯을 주고 배에 올랐더라

요나 1:17 여호와께서 이미 큰 물고기를 예비하사 요나를 삼키게 하셨으므로 요나가 밤낮 삼 일을 물고기 뱃속에 있으니라

요나 4:11 하물며 이 큰 성읍 니느웨에는 좌우를 분변하지 못하는 자가 십이만여 명이요 가축도 많이 있나니 내가 어찌 아끼지 아니하겠느냐 하시니라

숲보기

하나님께서는 요나를 선지자로 부르시고, 앗수르의 큰 성읍 니느웨로 가서 하나님의 심판이 임박했음을 외치라고 명하셨습니다. 그런데 요나는 하나님의 말씀을 거역하고, 니느웨 반대 방향에 있는 다시스로 도망을 갑니다. 결국 요나는 하나님께서 보내

신 폭풍 때문에 물고기 배 속에 들어갔다 나오는 신비한 경험을 하기도 했는데, 그럼에도 불구하고 요나는 여전히 하나님의 깊은 진심을 몰라줍니다. 자신이 전하는 메시지를 듣고 니느웨 백성이 회개하여 하나님의 용서를 받게 되자, 니느웨가 망하기만을 바랐던 요나의 속마음이 적나라하게 드러납니다. 그때 하나님께서는 이스라엘 민족뿐 아니라, 이 땅의 모든 민족과 모든 생명을 아끼고 사랑하시는 하나님의 마음을 요나가 깨달을 수 있도록 설득하십니다.

한눈에 보기

- 욘 1-4장 ········ 열방을 향한 꿈 ········▸
  - 1장 : 하나님의 명령과 요나의 도피
  - 2장 : 물고기 배 안에서의 요나의 기도
  - 3장 : 요나의 불성실한 선포와 니느웨의 회개
  - 4장 : 하나님의 열방을 향한 사랑

21 이사야

시작은 남유다와 예루살렘에 대한 계시이며(사 1:1)**, 중간은 히스기야의 예루살렘 성전 기도이고**(사 37:1)**, 끝은 새 하늘과 새 땅에 대한 하나님의 약속 선포입니다**(사 66:22)**.**

말씀

이사야 1:1 유다 왕 웃시야와 요담과 아하스와 히스기야 시대에 아모스의 아들 이사야가 유다와 예루살렘에 관하여 본 계시라

이사야 37:1 히스기야 왕이 듣고 자기의 옷을 찢고 굵은 베 옷을 입고 여호와의 전으로 갔고

이사야 66:22 내가 지을 새 하늘과 새 땅이 내 앞에 항상 있는 것 같이 너희 자손과 너희 이름이 항상 있으리라 여호와의 말이니라

숲보기

북쪽의 앗수르 제국이 남쪽으로 세력을 확장해가는 시대 상황 속에서, 남유다의 아하스 왕은 위기를 피할 수 있는 방책을 잘못된 외교 정책에서 찾으려고만 했습니다. 이사야 선지자는 세계를 경영하시는 분이 하나님이심을 강조하며, 하나님께 의지할 때에 하나님께서 지켜주고 보호해주실 것을 믿으라고 하지만, 아하스 왕은 끝내 순종하지 않았습니다. 그 뒤를 이은 히스기야 왕은 앗수르가 예루살렘성을 둘러싼 절체절명의 순간에 이르자, 다행히도 하나님께 엎드려 기도함으로 나라를 구해냅니다. 하지만 이사야 선지자의 외침은 이스라엘 전체에 궁극적으로 받아들여지지 않았고,

결국 이사야는 남유다가 바벨론에 의해 포로로 끌려가게 될 것을 예언합니다. 특별히 〈이사야〉는 이후에 오실 메시아 예수님에 대해 가장 많은 예언이 담겨 있는 책으로도 유명합니다.

한눈에 보기

• 사 1-12장	이사야의 소명과 선포	1-3장 : 이사야, 국제 관계를 다루다 4-7장 : 이사야의 충고, 동맹하지 말라 8-12장 : 가까운 미래와 먼 미래
• 사 13-39장	하나님의 세계 경영	13-17장 : '모든 민족'을 향한 하나님의 경고 18-20장 : 이사야 선지자의 3년 퍼포먼스 21-24장 : 환상의 골짜기에 관한 경고 25-29장 : 이사야의 찬양 30-35장 : 메시아의 나라 예언 36-39장 : 앗수르의 침략과 히스기야의 기도
• 사 40-66장	평화의 왕, 미래 회복	40-42장 : 나의 벗 아브라함 43-45장 : 하나님의 증인 46-50장 : 메시아의 오심과 구원 51-55장 : 고난 받는 메시아의 청사진 56-59장 : 하나님의 성전 60-63장 : 하나님의 열심 64-66장 : 영광과 평화의 청사진

22 미가

시작은 사마리아와 예루살렘에 관한 묵시이며(미 1:1), 중간은 베들레헴에서 이스라엘을 다스릴 자가 나타난다는 미가의 예언이고(미 5:2), 끝은 남은 자의 허물을 사하시는 하나님을 찬양하는 이야기입니다(미 7:18).

말씀

미가 1:1 유다의 왕들 요담과 아하스와 히스기야 시대에 모레셋 사람 미가에게 임한 여호와의 말씀 곧 사마리아와 예루살렘에 관한 묵시라

미가 5:2 베들레헴 에브라다야 너는 유다 족속 중에 작을지라도 이스라엘을 다스릴 자가 네게서 내게로 나올 것이라 그의 근본은 상고에, 영원에 있느니라

미가 7:18 주와 같은 신이 어디 있으리이까 주께서는 죄악과 그 기업에 남은 자의 허물을 사유하시며 인애를 기뻐하시므로 진노를 오래 품지 아니하시나이다

숲보기

이사야와 거의 같은 시대에 활동했던 미가의 메시지는 남북 두 왕국의 수도인 사마리아와 예루살렘을 향해 선포된 것입니다. 북이스라엘에서 사회 정의를 외쳤던 선지자가 아모스라면, 미가는 남유다와 북이스라엘, 특히 남유다를 중심으로 이와 비슷한 메시지를 전했습니다. 가난한 사람들을 억압하고 재판관에게 뇌물을 주는 부패한 사회 지도자들과 종교 지도자들에 대해서 날카롭게 비판하면서 사마리아와 예루살렘 사람들에게 회개를 촉구합니다. 그럼에도 불구하고 미가는 궁극적으로 임할 하나님의 구원과 용서를 전하며, 예수님께서 베들레헴에서 태어나실 것을 예언하기도 합니다.

한눈에 보기

- 미 1-7장 ……… 두 도시에 대한 책망 ……… 1-3장 : 영광이 빠져버린 두 도시
4-7장 : 영광이 회복될 시온 산성

23 스바냐

시작은 여호와의 날이 가까이 왔다는 스바냐의 외침이며(습 1:7), **중간은 공의와 겸손을 구하라는 이야기이고**(습 2:3), **끝은 그날에 남은 자가 명성과 칭찬을 얻게 되리라는 하나님의 약속 선포입니다**(습 3:20).

말씀

스바냐 1:7 주 여호와 앞에서 잠잠할지어다 이는 여호와의 날이 가까웠으므로 여호와께서 희생을 준비하고 그가 청할 자들을 구별하셨음이니라

스바냐 2:3 여호와의 규례를 지키는 세상의 모든 겸손한 자들아 너희는 여호와를 찾으며 공의와 겸손을 구하라 너희가 혹시 여호와의 분노의 날에 숨김을 얻으리라

스바냐 3:20 내가 그 때에 너희를 이끌고 그 때에 너희를 모을지라 내가 너희 목전에서 너희의 사로잡힘을 돌이킬 때에 너희에게 천하 만민 가운데서 명성과 칭찬을 얻게 하리라 여호와의 말이니라

숲보기

남유다의 요시야 왕 시절에 활동했던 스바냐는 요시야 가문의 사람으로서 아마도 남유다 사회에서 상당히 유력한 위치에 있던 사람이었을 것입니다. 그래서 요시야 왕이 용감하게 종교개혁을 단행할 때, 그 일에 함께 동역했을 가능성이 큽니다. 스바냐

의 예언은 먼저 예루살렘에 대한 심판 선언으로 시작해 점차 남유다 주변 나라들에 대한 심판 선언으로 이어집니다. 비록 그들이 하나님께서 택하신 백성이라 할지라도 하나님의 심판을 피할 수는 없습니다. 스바냐는 하나님의 규례를 지키는 겸손한 자들만이 하나님의 분노의 날을 피할 수 있다고 외칩니다.

한눈에 보기

• 습 1-3장	공의와 겸손을 구하라	1장 : 여호와의 큰 날 2장 : 세상을 심판하시는 날 3장 : 예루살렘을 구원하시는 날

24
하박국

시작은 악인의 형통에 대한 **하박국**의 **질문**이며(합 1:3), 중간은 "의인은 믿음으로 말미암아 살리라"라는 하박국의 고백이고(합 2:4), 끝은 구원의 하나님을 찬양하는 **하박국**의 **찬양**입니다(합 3:17-18).

말씀

하박국 1:3 어찌하여 내게 죄악을 보게 하시며 패역을 눈으로 보게 하시나이까 겁탈과 강포가 내 앞에 있고 변론과 분쟁이 일어났나이다

하박국 2:4 보라 그의 마음은 교만하며 그 속에서 정직하지 못하나 의인은 그의 믿음으로 말미암아 살리라

하박국 3:17-18 비록 무화과나무가 무성하지 못하며 포도나무에 열매가 없으며 감람나무에 소출이 없으며 밭에 먹을 것이 없으며 우리에 양이 없으며 외양간에 소가 없을지라도 나는 여호와로 말미암아 즐거워하며 나의 구원의 하나님으로 말미암아 기뻐하리로다

숲보기

하박국 선지자는 바벨론이 초강대국으로 주변 나라를 지배하던 B.C.7세기 말경에 사역했습니다. 하박국은 무자비한 바벨론이 점점 더 강성해지는 모습을 보며, '왜 악인이 더 형통하는가?', '왜 의인은 악인에 의해 고난을 당하는가?'라는 질문을 하나님께 드렸습니다. 이에 대해 하나님께서는 악인의 형통과 의인의 고난은 정한 기한이 되면 그칠 것이므로 의인은 참아 견디며 하나님의 날을 바라보아야 한다고 말씀하십니다. 하박국은 문제의 답을 찾고 난 뒤 오직 하나님으로 인하여 즐거워하고 하나님으로 인해 기뻐하리라는 고백을 하며 하나님을 찬양합니다.

한눈에 보기

• 합 1-3장 ········ 의인은 믿음으로 살리라 ········➤ 1장 : 하박국의 질문과 하나님의 대답
2장 : 의인은 그의 믿음으로 말미암아 살리라
3장 : 하박국의 감사 기도

25 나훔

시작은 **니느웨**에 대한 중한 **경고**이며(나 1:1), 중간은 야곱의 영광을 회복하신다는 이야기이고(나 2:2), 끝은 피의 성 **니느웨**가 **황무**할 것이라는 나훔의 예언입니다(나 3:7).

말씀

나훔 1:1 니느웨에 대한 경고 곧 엘고스 사람 나훔의 묵시의 글이라

나훔 2:2 여호와께서 야곱의 영광을 회복하시되 이스라엘의 영광 같게 하시나니 이는 약탈자들이 약탈하였고 또 그들의 포도나무 가지를 없이 하였음이라

나훔 3:7 그 때에 너를 보는 자가 다 네게서 도망하며 이르기를 니느웨가 황폐하였도다 누가 그것을 위하여 애곡하며 내가 어디서 너를 위로할 자를 구하리요 하리라

숲보기

〈나훔〉의 흐름은 초지일관 니느웨 심판 선언입니다. 150여 년 전, 요나 선지자를 통해 멸망 선언을 듣고 회개했던 니느웨 사람들이 오래지 않아 예전의 잔인하고 교만한 모습으로 되돌아갔습니다. 이때 나훔 선지자의 무시무시한 심판 예언을 듣고도 무감각한 니느웨 사람들은 스스로 하나님의 진노를 쌓아가는 것이나 다름없었습니다. 〈나훔〉에는 악인들을 심판하시는 하나님의 공의로움과, 그들의 압제 가운데 고난당하던 하나님의 백성을 구원하실 하나님의 사랑이 함께 담겨 있습니다.

한눈에 보기

• 나 1-3장 ········ 열방을 향한 공의 ········➤ 1장 : 여호와의 전능과 권능
2장 : 니느웨의 심판 선언
3장 : 앗수르가 멸망하는 날

26 요엘

시작은 이스라엘의 임박한 환난을 **메뚜기**와 황충을 통해 **비유**하는 이야기이며(욜 1:4), 중간은 옷을 찢지 말고 마음을 찢으라는 하나님의 말씀이고(욜 2:13), 끝은 **그날에 대한 예언**입니다(욜 3:20).

말씀

요엘 1:4 팥중이가 남긴 것을 메뚜기가 먹고 메뚜기가 남긴 것을 느치가 먹고 느치가 남긴 것을 황충이 먹었도다

요엘 2:13 너희는 옷을 찢지 말고 마음을 찢고 너희 하나님 여호와께로 돌아올지어다 그는 은혜로우시며 자비로우시며 노하기를 더디하시며 인애가 크시사 뜻을 돌이켜 재앙을 내리지 아니하시나니

요엘 3:20 유다는 영원히 있겠고 예루살렘은 대대로 있으리라

숲보기

요엘이 어느 때의 예언자인지는 확실히 알 수 없습니다. 요엘 선지자는 이스라엘에 임박한 환난과 그에 따른 회개를 촉구했습니다. 이는 범죄하여 스스로 재앙을 부르고 있는 남유다 백성에게 회개를 요구하시는 하나님의 말씀이었습니다. 또한 요엘은 죄에서 돌아선 자들은 구원의 약속을 받고 하나님의 공의로우신 통치 아래에서 살게 될 것을 예언합니다. 그 예언의 내용으로 보아 요엘을 남유다 멸망 이전에 활동했던 선지자로 짐작할 수 있습니다.

한눈에 보기

- 욜 1-3장 ········ 마음을 찢으라 ········➤ 1장 : 임박한 환난의 재앙
2장 : 옷을 찢지 말고 마음을 찢으라
3장 : 예루살렘에 대한 구원 약속

27 예레미야

시작은 예레미야가 **선지자로 부름** 받은 이야기이며(렘 1:7), 중간은 바벨론이 예루살렘을 포위하는 이야기이고(렘 32:2), 끝은 **예루살렘** 성전이 **불타는** 이야기입니다(렘 52:13).

말씀

예레미야 1:7 여호와께서 내게 이르시되 너는 아이라 말하지 말고 내가 너를 누구에게 보내든지 너는 가며 내가 네게 무엇을 명령하든지 너는 말할지니라

예레미야 32:2 그 때에 바벨론 군대는 예루살렘을 에워싸고 선지자 예레미야는 유다의 왕의 궁중에 있는 시위대 뜰에 갇혔으니

예레미야 52:13 여호와의 성전과 왕궁을 불사르고 예루살렘의 모든 집과 고관들의 집까지 불살랐으며

숲보기

예레미야는 약 20세의 젊은 나이에 하나님의 부르심을 받았습니다. 남유다의 멸망이 눈앞에 와 있는 상황에서 예레미야의 예언의 핵심은 국가의 깃발을 내리고 바벨론에 항복하라는 것이었습니다. 바벨론에 가서 제사장 나라 재교육을 받고 돌아와야 한다는 것이 하나님의 변하지 않는 뜻이며, 그 일은 이제 곧 닥쳐올 현실이었습니다. 이에 따라 예레미야는 힘없는 백성이 당할 처참한 상황을 최소화시키기 위해 지도자들을 설득하려고 많은 애를 썼습니다. 하지만 끝까지 예레미야의 예언을 거부했던 남유다의 시드기야 왕은 결국 예루살렘에 비참한 최후를 가져왔고, 남유다는 바벨론 군대에 의해 초토화되고 맙니다.

한눈에 보기

- 렘 1-23장 ······ 남유다에 대한 심판과 설득 ······➤
  - 1-3장 : 제국과 선지자 예레미야
  - 4-6장 : 단 한 사람을 찾으시는 하나님
  - 7-9장: 우상숭배와 성전 예배
  - 10-13장 : 예레미야의 중보기도
  - 14-16장 : 모세와 사무엘의 중보기도라 할지라도
  - 17-20장 : 남유다의 죄악들
  - 21-23장 : 거짓 선지자들을 향한 진노
- 렘 24-38장 ······ 예레미야의 치열한 설득 ······➤
  - 24-25장 : 극상품 무화과 열매 프로젝트
  - 26-28장 : 예레미야의 '줄과 멍에' 퍼포먼스
  - 29-31장 : '새 언약', 구약과 신약의 징검다리
  - 32-33장 : 크고 은밀한 일, 두 가지
  - 34-36장 : 레갑의 후손들
  - 37-38장 : 남유다 멸망 직전
- 렘 39-52장 ······ 영원한 절망이 아닌 잠깐의 징계 ······➤
  - 39-41장 : 예레미야 70년
  - 42-45장 : 애굽으로 도망친 자들
  - 46-48장 : 하나님의 세계 경영
  - 49-50장 : 주변 10개국 멸망 예언
  - 51-52장 : 시드기야 왕의 최후

28 예레미야애가

시작은 밤새도록 **애곡**하는 **예레미야**이며(애 1:2), 중간은 여호와의 분노의 매 이야기이고(애 3:1), 끝은 "우리의 날을 다시 새롭게 하사 옛적 같게 하옵소서"라는 **예레미야**의 **기도**입니다(애 5:21).

말씀

예레미야애가 1:2 밤에는 슬피 우니 눈물이 뺨에 흐름이여 사랑하던 자들 중에 그에게 위로하는 자가 없고 친구들도 다 배반하여 원수들이 되었도다

예레미야애가 3:1 여호와의 분노의 매로 말미암아 고난 당한 자는 나로다

예레미야애가 5:21 여호와여 우리를 주께로 돌이키소서 그리하시면 우리가 주께로 돌아가겠사오니 우리의 날들을 다시 새롭게 하사 옛적 같게 하옵소서

숲보기

B.C.586년 바벨론에 의해 예루살렘이 폐허가 되고, 수많은 사람이 바벨론으로 끌려갔습니다. 예레미야는 거리의 힘없는 노인들과 아이들, 여인들이 고통당하는 모습을 바라보며 자신의 간이 땅에 쏟아지는 것 같은 고통을 느낍니다. 하지만 눈이 눈물에 상할 정도로 밤새 울고 나서 아침을 맞이하는 예레미야에게 하나님의 선하심과 인자하심은 새로운 소망이 되어 그를 찾아옵니다. 예레미야는 극한 절망 속에서도 하나님의 긍휼에 기반한 구원의 소망을 품고 예루살렘의 회복을 위해 간절히 기도합니다.

한눈에 보기

• 애 1-5장 ······ 탄식의 땅, 소망의 노래 ······➤
1장 : 무너지는 예루살렘
2장 : 부녀자와 어린아이의 탄식
3장 : 소망-주의 인자와 긍휼
4장 : 예루살렘의 처참한 모습
5장 : 긍휼을 구하는 기도

29 오바댜

시작은 "**에돔**이 별 사이에 깃들일지라도 거기에서 **끌어내리라**"라는 하나님의 말씀이며(옵 1:4), 중간은 에돔이 형제 야곱에게 행한 포학 이야기이고(옵 1:10), 끝은 **나라가 여호와께** 속하리라는 선포입니다(옵 1:21).

말씀

오바댜 1:4 네가 독수리처럼 높이 오르며 별 사이에 깃들일지라도 내가 거기에서 너를 끌어내리리라 여호와의 말씀이니라

오바댜 1:10 네가 네 형제 야곱에게 행한 포학으로 말미암아 부끄러움을 당하고 영원히 멸절되리라
오바댜 1:21 구원 받은 자들이 시온 산에 올라와서 에서의 산을 심판하리니 나라가 여호와께 속하리라

숲보기

구약성경 중 가장 짧은 책인 〈오바댜〉는 비록 한 장으로 구성되어 있지만, 전하고 있는 메시지는 크고 분명합니다. 에돔은 형제 나라인 남유다가 멸망하는 것을 보며 안타깝게 생각하기보다는 오히려 그 틈에 바벨론과 동맹을 맺어 자신들의 이득을 챙기고, 형제들의 고통을 조롱하는 죄를 지었습니다. 오바댜 선지자는 이 일로 말미암아 에돔이 교만한 자, 방관자, 핍박자라는 판결을 받게 될 것이고, 결국 하나님의 공의로운 심판을 받게 될 것이라고 선언합니다.

한눈에 보기

• 옵 1장 .... 형제가 환난 당하는 날 ....➤ 1장 : 오바댜, 오래된 형제가 환난 당하는 날

30 역대상

시작은 아담과 아브라함의 족보이며(대상 1:1), 중간은 다윗이 헤브론에서 열두 지파의 왕이 되는 이야기이고(대상 11:3), 끝은 성전 건축을 위한 다윗의 예물 준비 이야기입니다(대상 28:14).

말씀

역대상 1:1 아담, 셋, 에노스,
역대상 11:3 이에 이스라엘의 모든 장로가 헤브론에 있는 왕에게로 나아가니 헤브론에서 다윗이 그들과 여호와 앞에 언약을 맺으매 그들이 다윗에게 기름을 부어 이스라엘의 왕으로 삼으니 여호와께서 사무엘을 통하여 전하신 말씀대로 되었더라
역대상 28:14 또 모든 섬기는 데에 쓰는 금 기구를 만들 금의 무게와 모든 섬기는 데에 쓰는 은 기구를 만들 은의 무게를 정하고

숲보기

역사란, 과거의 사건을 통해 내일의 희망과 꿈을 정립하게 하는 힘이 있습니다. 〈역대상〉의 첫 부분인 1~9장은 아담에서 바벨론 포로 귀환까지를 기록한 족보입니다. 〈역대상〉을 통해서는 유다, 레위, 베냐민 지파들의 족보를 특히 강조하였고, 다윗의

통치 시절 이야기를 주요 내용으로 다루면서 다윗 왕조의 정통성을 드러냈습니다. 후반부에는 법궤, 그리고 레위 지파와 찬양대 이야기가 매우 비중 있게 기록되어 있는데, 이는 포로에서 귀환한 사람들을 위하여 이 책을 기록하면서 제사장직과 제사를 보존하고자 함과 동시에 70년 포로 생활을 정리하고 새로운 출발을 하게 하기 위함입니다.

한눈에 보기

- 대상 1-9장 ······ 이스라엘의 족보 ······→
  - 1-3장 : 역대기 족보 특강 1 - 선물
  - 4-5장 : 역대기 족보 특강 2 - 성취
  - 6-9장 : 역대기 족보 특강 3 - 희망
- 대상 10-29장 ······ 다윗 시대 ······→
  - 10-12장 : 다윗을 도운 용사들
  - 13-16장 : 수레에 싣느냐 vs. 어깨에 메느냐
  - 17-20장 : 다윗의 기도와 승전 기록
  - 21-22장 : 다윗의 죄악과 회개
  - 23-26장 : 다윗 시대 직분자 계보
  - 27-29장 : 낡아진 성전 설계도만큼

31 역대하

시작은 솔로몬의 기브온 산당 번제이며(대하 1:3)**, 중간은 이스라엘의 남북 분단**(한 민족 두 국가) **이야기이고**(대하 11:4)**, 끝은 고레스의 예루살렘 성전 건축 명령입니다**(대하 36:23)**.**

말씀

역대하 1:3 솔로몬이 온 회중과 함께 기브온 산당으로 갔으니 하나님의 회막 곧 여호와의 종 모세가 광야에서 지은 것이 거기에 있음이라

역대하 11:4 여호와께서 이같이 말씀하시기를 너희는 올라가지 말라 너희 형제와 싸우지 말고 각기 집으로 돌아가라 이 일이 내게로 말미암아 난 것이라 하셨다 하라 하신지라 그들이 여호와의 말씀을 듣고 돌아가고 여로보암을 치러 가던 길에서 되돌아왔더라

역대하 36:23 바사 왕 고레스가 이같이 말하노니 하늘의 신 여호와께서 세상 만국을 내게 주셨고 나에게 명령하여 유다 예루살렘에 성전을 건축하라 하셨나니 너희 중에 그의 백성된 자는 다 올라갈지어다 너희 하나님 여호와께서 함께 하시기를 원하노라 하였더라

숲보기

〈역대하〉는 B.C.10세기에 있었던 솔로몬의 통치 시절 이야기부터 시작됩니다. 솔로몬이 성전을 짓고 드린 봉헌식 풍경이 자세히 묘사되어 있으며, 그의 부귀영화가 어떠했는지도 기록되어 있습니다. 〈역대하〉에는 솔로몬부터 남유다의 마지막 왕 시드기야까지, 북이스라엘 왕들을 제외하고 남유다 왕들의 이야기만 기록되어 있지만, 다루는 시대는 〈열왕기상·하〉와 동일하다고 볼 수 있습니다. 특별히 성전과 제사를 중심으로 왕들의 업적을 기록하고, 온 이스라엘 민족이 하나님의 백성으로서 바르게 살 것을 강조하려는 의도로 쓰인 이 책의 마지막 부분은 바벨론에 끌려온 유대인들의 귀환과 성전 재건을 허락한 페르시아 왕 고레스의 조서에 대한 기록으로 끝납니다.

한눈에 보기

• 대하 1-9장	솔로몬 시대	1-4장 : 역사, 미래를 위한 힘 5-7장 : 솔로몬의 업적 8-9장 : 건축과 재건축
• 대하 10-25장	여호사밧, 요아스 시대	10-13장 : 한 민족 두 국가 14-17장 : 아사의 신앙 운동 18-22장 : 동맹보다 신앙 23-25장 : 용기 있는 제사장 여호야다
대하 26-36장	히스기야, 요시야 시대	26-28장 : 웃시야에서 아하스까지 29-31장 : 히스기야의 유월절 32-33장 : 우상숭배자 므낫세의 결말 34-36장 : 요시야의 신앙 개혁

3. 페르시아 7권

32 에스겔

시작은 그발 강가에서 **에스겔**이 **부름**을 받는 것이며(겔 1:3), 중간은 예루살렘의 함락이고(겔 33:21), 끝은 예루살렘 성읍의 이름을 **여호와 삼마**로 불러주십니다(겔 48:35).

말씀

에스겔 1:3 갈대아 땅 그발 강 가에서 여호와의 말씀이 부시의 아들 제사장 나 에스겔에게 특별히 임하고 여호와의 권능이 내 위에 있으니라

에스겔 33:21 우리가 사로잡힌 지 열두째 해 열째 달 다섯째 날에 예루살렘에서부터 도망하여 온 자가 내게 나아와 말하기를 그 성이 함락되었다 하였는데

에스겔 48:35 그 사방의 합계는 만 팔천 척이라 그 날 후로는 그 성읍의 이름을 여호와삼마라 하리라

숲보기

예루살렘의 여러 기술자들과 함께 바벨론으로 끌려온 지 5년째로 접어들던 해에, 젊은 제사장 에스겔은 하나님의 선지자로 부름을 받습니다. 하나님께서는 여느 포로민들과 같이 절망에 빠져 있는 그를 찾아오셔서 위로하시고, 새로운 회복에 대한 환상을 보여주십니다. 〈에스겔〉의 전반부인 1~24장은 예루살렘이 멸망하기 이전을 배경으로 하여, 하나님께서 남유다의 잘못을 지적하시고 그들을 심판하시는 말씀을 주로 담고 있습니다. 반면 예루살렘 멸망 이후에 선포된 후반부 25~48장은 주변 나라들에 대한 심판과 남유다에 대한 하나님의 회복의 약속을 전하고 있습니다. 〈에스겔〉은 수많은 환상과 묵시, 잠언, 은유 등의 방법으로 말씀이 기록되어 있는 풍요로운 책입니다.

한눈에 보기

- 겔1-32장 ········ 그발 강변의 설득 ········➤
  - 1-3장 : 그발 강가의 에스겔
  - 4-7장 : 에스겔의 네 가지 환상
  - 8-11장 : 환상 중에 본 예루살렘은?
  - 12-14장 : '묵시가 사라진다'는 속담
  - 15-17장 : 옛 언약과 새 언약 약속
  - 18-20장 : 마음과 영을 새롭게 하라
  - 21-22장 : 여호와의 칼
  - 23-24장 : 녹슨 가마 비유
  - 25-28장 : 세계 최고 해상 무역국 두로의 멸망
  - 29-32장 : 악인이 죽는 것을 기뻐하지 않는다
- 겔 33-48장 ········ 다시 회복될 새 예루살렘 ········➤
  - 33-35장 : 선지자와 파수꾼
  - 36-37장 : 마른 뼈 환상
  - 38-39장 : 7년 동안 사용할 땔감을 전리품으로
  - 40-41장 : 에스겔의 성전 조감도
  - 42-43장 : 성전 동문으로 들어오십니다
  - 44-46장 : 여호와의 영광으로 가득 찬 성전
  - 47-48장 : 성전에서 흘러나온 물

33 다니엘

시작은 다니엘의 바벨론 **1차 포로**이며(단 1:4), 중간은 다니엘의 사자 굴 기도이고(단 6:10), 끝은 다니엘의 **마지막 때**에 대한 **예언**입니다(단 12:7).

말씀

다니엘 1:4 곧 흠이 없고 용모가 아름다우며 모든 지혜를 통찰하며 지식에 통달하며 학문에 익숙하여 왕궁에 설 만한 소년을 데려오게 하였고 그들에게 갈대아 사람의 학문과 언어를 가르치게 하였고

다니엘 6:10 다니엘이 이 조서에 왕의 도장이 찍힌 것을 알고도 자기 집에 돌아가서는 윗방에 올라가 예루살렘으로 향한 창문을 열고 전에 하던 대로 하루 세 번씩 무릎을 꿇고 기도하며 그의 하나님께 감사하였더라

다니엘 12:7 내가 들은즉 그 세마포 옷을 입고 강물 위쪽에 있는 자가 자기의 좌우 손을 들어 하늘을 향하여 영원히 살아 계시는 이를 가리켜 맹세하여 이르되 반드시 한 때 두 때 반 때를 지나서 성도의 권세가 다 깨지기까지이니 그렇게 되면 이 모든 일이 다 끝나리라 하더라

숲보기

다니엘과 그의 친구들은 에스겔보다 먼저인 B.C.605년에 바벨론으로 끌려갔습니다. 낯선 이방 땅에서도 하나님을 향한 신앙을 꿋꿋이 지키며 살고 있던 다니엘은 느부갓네살 왕의 꿈을 해석하고, 벨사살 왕에게 나타난 글을 해석함으로써 크게 높임을 받습니다. 소수 민족이자 포로민 출신이었음에도 불구하고, 다니엘은 뛰어난 지혜와 실력으로 바벨론과 페르시아 두 제국에서 가장 높은 관직에 오르는 최고의 행정가가 되었습니다. 동시에 다니엘은 기도 중에 환상을 보고 미래에 있을 제국의 변동과 영원한 하나님 나라의 '뜨인 돌' 예수 그리스도의 오심을 예언한 깊은 영성의 사람 선지자 다니엘이기도 했습니다.

한눈에 보기

• 단 1-12장 ········ 제국 변동의 밑그림 ········➤

- 1-2장 : 다니엘, 제국 변동의 밑그림을 그리다
- 3-4장 : 사드락, 메삭, 아벳느고
- 5-6장 : 70년 동안 예루살렘을 향한 기도
- 7-9장 : 네 짐승 환상과 제국 서류 결재
- 10-12장 : 다니엘이 선지자인 이유

34
에스라

시작은 고레스의 예루살렘으로의 **귀환 명령**이며(스 1:3), 중간은 에스라의 예루살렘 귀환이고(스 7:9), 끝은 **에스라**의 제사장 **개혁** 이야기입니다(스 10:12).

말씀

에스라 1:3 이스라엘의 하나님은 참 신이시라 너희 중에 그의 백성 된 자는 다 유다 예루살렘으로 올라가서 이스라엘의 하나님 여호와의 성전을 건축하라 그는 예루살렘에 계신 하나님이시라

에스라 7:9 첫째 달 초하루에 바벨론에서 길을 떠났고 하나님의 선한 손의 도우심을 입어 다섯째 달 초하루에 예루살렘에 이르니라

에스라 10:12 모든 회중이 큰 소리로 대답하여 이르되 당신의 말씀대로 우리가 마땅히 행할 것이니이다

숲보기

에스라는 대제사장 아론의 16대손으로서 율법에 익숙한 학사이자 제사장이었습니다. 그는 하나님의 율법을 연구하고 행하고 가르치겠다는 사명을 가슴에 품고 2차로 예루살렘에 귀환합니다. 에스라 1~6장에는 그가 귀환하기 전 1차 귀환자들과 성전 재건의 이야기가 담겨 있고, 에스라 7~10장에는 에스라 자신의 귀환과 개혁 운동 내용이 담겨 있습니다.

한눈에 보기

- 스 1-6장 ········ 거룩한 구심력 ········▸ 1-2장 : 성전 기명 5,400점 투자와 재건세대 / 3-4장 : 노랫소리와 통곡 소리 / 5-6장 : 스룹바벨 성전
- 스 7-10장 ········ 세 가지 결심 ········▸ 7-8장 : 에스라의 산헤드린 공회 설립 / 9-10장 : 에스라의 사법권과 회개 운동

35
학개

시작은 성전 **건축**의 **시기**가 이미 지났다고 외치는 학개 이야기이며(학 1:2), 중간은 이 성전에 영광이 충만하게 하리라는 말씀이고(학 2:9), 끝은 **스룹바벨**을 인장으로 삼으신다는 하나님의 약속입니다(학 2:23).

말씀

학개 1:2 만군의 여호와가 이같이 말하여 이르노라 이 백성이 말하기를 여호와의 전을 건축할 시기가 이르지 아니하였다 하느니라

학개 2:9 이 성전의 나중 영광이 이전 영광보다 크리라 만군의 여호와의 말이니라 내가 이 곳에 평강을 주리라 만군의 여호와의 말이니라

학개 2:23 만군의 여호와가 말하노라 스알디엘의 아들 내 종 스룹바벨아 여호와가 말하노라 그 날에 내가 너를 세우고 너를 인장으로 삼으리니 이는 내가 너를 택하였음이니라 만군의 여호와의 말이니라 하시니라

숲보기

학개는 대제사장 여호수아와 총독 스룹바벨의 인도로 고국에 돌아온 1차 귀환자들 중 한 사람이었을 것입니다. 귀환 공동체는 의욕적으로 성전 재건을 시작하지만, 닥쳐오는 여러 가지 어려움 앞에 곧 주저앉아 버리고 맙니다. 결국 성전 재건이 16년이나 중단되어 있을 때 학개 선지자가 일어나 다시 성전 건축을 시작할 수 있도록 백성을 설득합니다. 하나님을 예배하는 공동체, 하나님께서 오랜 시간 약속하셨던 새 예루살렘은 성전 재건을 통해 이루어질 수 있기 때문입니다.

한눈에 보기

- 학 1-2장 ········ 우선순위를 기억하라 ········> 1장 : 자신의 행위를 살필지니라 / 2장 : 오늘 이전을 기억하라

36 스가랴

시작은 다리오 왕 때 스가랴가 선지자로 부름받은 이야기이며(슥 1:1), 중간은 다리오 왕 제사년 아홉째 달 이야기이고(슥 7:1), 끝은 열국에 남은 자가 초막절을 지킬 것이라는 예언의 말씀입니다(슥 14:16).

말씀

스가랴 1:1 다리오 왕 제이년 여덟째 달에 여호와의 말씀이 잇도의 손자 베레갸의 아들 선지자 스가랴에게 임하니라 이르시되

스가랴 7:1 다리오 왕 제사년 아홉째 달 곧 기슬래월 사일에 여호와의 말씀이 스가랴에게 임하니라

스가랴 14:16 예루살렘을 치러 왔던 이방 나라들 중에 남은 자가 해마다 올라와서 그 왕 만군의 여호와께 경배하며 초막절을 지킬 것이라

숲보기

스가랴는 학개와 같은 시대에 활동했던 선지자로서, 그 역시 학개와 같이 성전 건축을 게을리하는 백성을 독려하는 역할을 맡았습니다. 그런데 스가랴는 한 걸음 더 나아가 예루살렘의 미래상, 곧 새 예루살렘에 하나님의 영광이 가득한 모습을 보여줍니다. 그 모습 속에는 놀랍게도 예수 그리스도의 오심이 수놓아져 있었습니다. 학개와 스가랴 선지자의 말에 감동된 백성은 다시 성전 재건 작업을 시작했고, 두 달 후에 그 기초를 완성하게 됩니다.

한눈에 보기

• 슥 1-6장	오직 성령의 능력으로 다시	1-2장 : 붉은 말 탄 자 환상과 측량줄 환상 3-4장 : 여호수아와 스룹바벨이 겪은 환상 5-6장 : 날아가는 두루마리 환상과 네 병거 환상
• 슥 7-10장	예루살렘의 회복	7-8장 : 새로운 예루살렘 사회 9-10장 : 예루살렘의 구원
• 슥 11-14장	이스라엘의 구원	11-12장 : 은총과 간구하는 심령 13-14장 : 여호와의 날

37 에스더

시작은 **아하수에로**의 **잔치**이며(에 1:3), 중간은 금식 3일 후 왕과 대면하는 에스더 이야기이고(에 5:1), 끝은 **부림절**이 **제정**되었다는 이야기입니다(에 9:22).

말씀

에스더 1:3 왕위에 있은 지 제삼년에 그의 모든 지방관과 신하들을 위하여 잔치를 베푸니 바사와 메대의 장수와 각 지방의 귀족과 지방관들이 다 왕 앞에 있는지라

에스더 5:1 제삼일에 에스더가 왕후의 예복을 입고 왕궁 안 뜰 곧 어전 맞은편에 서니 왕이 어전에서 전 문을 대하여 왕좌에 앉았다가

에스더 9:22 이 달 이 날에 유다인들이 대적에게서 벗어나서 평안함을 얻어 슬픔이 변하여 기쁨이 되고 애통이 변하여 길한 날이 되었으니 이 두 날을 지켜 잔치를 베풀고 즐기며 서로 예물을 주며 가난한 자를 구제하라 하매

숲보기

페르시아 제국에서 사촌 모르드개와 함께 살던 아름답고 현명한 여인 에스더는 아하

수에로 왕의 왕후가 되었습니다. 그런데 당시 페르시아의 높은 대신이던 하만이라는 자가 모르드개에 대한 개인적 미움을 확대시켜 유대인 전체를 멸하겠다는 악한 계획을 세웁니다. 이 위기를 극복하기 위해 에스더는 "죽으면 죽으리이다"(에 4:16)라는 각오로 왕에게 나아가고, 하나님의 선한 도우심 가운데 유대인들은 구원을 얻게 됩니다. 한 민족을 향한 하나님의 진한 사랑의 이야기인 〈에스더〉는 절망과 좌절에 빠진 사람들에게 희망과 용기를 더해줍니다.

한눈에 보기

- 에 1-7장 ······ 유다 민족의 위기 ······> 1-2장 : 페르시아 왕후 에스더 / 3-7장 : 죽으면 죽으리이다
- 에 8-10장 ······ 위대한 구원 ······> 8장 : 왕의 조서 / 9-10장 : 부림절과 모르드개

38 느헤미야

시작은 느헤미야의 금식기도이며(느 1:4), 중간은 예루살렘 성벽 재건 이야기이고(느 7:1), 끝은 느헤미야의 안식일 개혁 이야기입니다(느 13:18).

말씀

느헤미야 1:4 내가 이 말을 듣고 앉아서 울고 수일 동안 슬퍼하며 하늘의 하나님 앞에 금식하며 기도하여

느헤미야 7:1 성벽이 건축되매 문짝을 달고 문지기와 노래하는 자들과 레위 사람들을 세운 후에

느헤미야 13:18 너희 조상들이 이같이 행하지 아니하였느냐 그래서 우리 하나님이 이 모든 재앙을 우리와 이 성읍에 내리신 것이 아니냐 그럼에도 불구하고 너희가 안식일을 범하여 진노가 이스라엘에게 더욱 심하게 임하도록 하는도다 하고

숲보기

1차 귀환자들이 예루살렘에 돌아온 지 90여 년의 세월이 흘렀음에도 불구하고, 예루살렘 성벽은 여전히 그대로 방치된 채 무너져 있어 힘없는 백성은 강도와 짐승들의 위협에 떨고 있었습니다. 이 소식을 듣고 울며 기도하는 가운데 자신의 소명을 발견했던 느헤미야는 아닥사스다 왕의 술 맡은 관원이 되고, 이어서 결국 왕의 허락을 얻어 예루살렘 총독이 되어 파견됩니다. 그는 많은 방해 세력과 내부 문제들을 지혜롭게 극복해가며 예루살렘 성벽 재건이라는 막중한 사명을 52일 만에 성공적으로 완수해냅니다. 제사장 에스라와 협력하여 성경통독 집회를 열고, 초막절도 지킵니다. 성

벽 낙성식이 있던 날, 예루살렘 사방으로 울려 퍼진 부녀자와 어린아이들의 웃음소리는 약한 이웃들의 기쁨이자 우리 하나님의 기쁨이었습니다.

한눈에 보기

- 느 1-13장 ········ 중간목표 / 최종목표 ········>
  - 1-3장 : 최종 목표를 위한 중간 목표
  - 4-7장 : 느헤미야의 52일
  - 8-10장 : 느헤미야와 에스라의 초막절
  - 11-13장 : 느헤미야의 최종 목표

39 말라기

시작은 하나님의 사랑 고백이며(말 1:2)**, 중간은 온전한 십일조 이야기이고**(말 3:10)**, 끝은 아버지의 마음과 자녀의 마음을 위해서 선지자 엘리야를 보내시겠다는 하나님의 약속입니다**(말 4:5-6)**.**

말씀

말라기 1:2 여호와께서 이르시되 내가 너희를 사랑하였노라 하나 너희는 이르기를 주께서 어떻게 우리를 사랑하셨나이까 하는도다 나 여호와가 말하노라 에서는 야곱의 형이 아니냐 그러나 내가 야곱을 사랑하였고

말라기 3:10 만군의 여호와가 이르노라 너희의 온전한 십일조를 창고에 들여 나의 집에 양식이 있게 하고 그것으로 나를 시험하여 내가 하늘 문을 열고 너희에게 복을 쌓을 곳이 없도록 붓지 아니하나 보라

말라기 4:5-6 보라 여호와의 크고 두려운 날이 이르기 전에 내가 선지자 엘리야를 너희에게 보내리니 그가 아버지의 마음을 자녀에게로 돌이키게 하고 자녀들의 마음을 그들의 아버지에게로 돌이키게 하리라 돌이키지 아니하면 두렵건대 내가 와서 저주로 그 땅을 칠까 하노라 하시니라

숲보기

성벽 재건을 완성하고 느헤미야가 페르시아로 되돌아가자 유대인들은 십일조, 안식일 규례들을 지키지 않았고, 제사장들 또한 타락해 있었습니다. 말라기는 구약의 마지막 선지자로서 귀환 공동체에 만연한 죄악들을 지적했습니다. 보다 근본적으로 말라기가 지적하는 이스라엘의 죄악은 그들을 향해 애정과 눈물을 아끼지 않으셨던 하나님의 사랑을 거절하는 그들의 굳은 마음이었습니다. "내가 너희를 사랑하였노라"

라는 하나님의 말씀에, "어떻게 우리를 사랑하셨나이까?"(말 1:2)라고 냉소적으로 반문하는 이스라엘 백성 앞에서 하나님께서는 400여 년간의 침묵을 시작하십니다.

한눈에 보기

• 말 1-4장 ········ 천오백 년 사랑의 아쉬움 ········➤ 1:1-5 : 천오백 년의 사랑
1:6-3장 : 제사장들과 백성들의 범죄
4장 : 하나님의 침묵

4. 중간사 400년

숲보기

구약성경의 후반 부분은 페르시아로부터 예루살렘으로 귀환한 재건세대(귀환 공동체) 이야기입니다. 그런데 신약성경으로 들어가면 곧바로 로마 시대를 배경으로 이야기가 시작됩니다. 이처럼 구약과 신약 사이에 얇은 종이 한 장이 있을 뿐이지만 역사적으로는 그 안에 400여 년의 시간이 들어 있습니다. 이 시기 동안 유대 지역의 패권이 바뀌면서 그와 함께 정치, 경제, 사회, 문화적인 모든 면에서 많은 변화가 있었습니다. 즉 신구약 중간기에는 페르시아 제국으로부터 시작해 260여 년의 역사를 가진 헬라 제국과 유대의 마카비 혁명, 하스몬 왕조 그리고 로마 제국의 유대 통치가 들어 있습니다.

5. 4복음서

40
마태복음

시작은 아브라함과 다윗의 족보이며(마 1:1), 중간은 예수님의 예루살렘 입성이고(마 21:1), 끝은 예수님의 지상명령입니다(마 28:19-20).

말씀

마태복음 1:1 아브라함과 다윗의 자손 예수 그리스도의 계보라

마태복음 21:1 그들이 예루살렘에 가까이 가서 감람 산 벳바게에 이르렀을 때에 예수께서 두 제자를 보내시며

마태복음 28:19-20 그러므로 너희는 가서 모든 민족을 제자로 삼아 아버지와 아들과 성령의 이름으로 세례를 베풀고 내가 너희에게 분부한 모든 것을 가르쳐 지키게 하라 볼지어다 내가 세상 끝날까지 너희와 항상 함께 있으리라 하시니라

숲보기

로마는 유대인들 중에서 세리를 뽑아 철저하게 세금을 거두어 로마로 가져갔습니다. 그래서 당시 유대인들은 로마에 대한 적개심 못지않게 동족 출신인 세리에 대해 미워하는 마음이 강했습니다. 그런데 예수님께서 세리 마태를 찾아오셔서 제자로 삼아 주신 것입니다. 마태는 3년 동안 예수님의 제자로 살면서 이보다 더 행복한 때는 없다고 생각했을 것입니다. 예수님의 제자로 사는 일은 세리로 살 때보다 육체적으로, 경제적으로 힘든 생활이었지만, 마태는 보람 있고 의미 있는 하루하루를 보내며 자신과 같은 사람이 예수님의 제자가 된 것에 대하여 감사와 감격의 눈물을 참 많이 흘렸을 것입니다. 마태는 동족 유대인들에게 우리 예수님이 얼마나 좋은 분인지, 예수님께서 왜 이 땅에 오셔서 우리를 위해 십자가 위에서 죽으셨는지 자세히 알려주고 싶어서 〈마태복음〉을 기록했습니다. 그래서 〈마태복음〉은 유대인들이 가장 좋아하는 유대 역사에 대한 이야기로 포문을 열고 있으며, 유대인들이 잘 이해할 수 있는 구약의 지식과 배경을 통해 예수님을 설명하는 부분들이 많이 등장합니다.

한눈에 보기

- 마 1-28장 ········ 약속의 결정체 ········➤
  - 1-4장 : 하나님의 독생자 예수
  - 5-7장 : 산상수훈
  - 8-10장 : 예수님과 제사장 나라
  - 11-13장 : 예수님의 멍에를 메면
  - 14-16장 : 예수님의 치유 사역
  - 17-20장 : 천국에서 큰 자, 세 가지 조건
  - 21-23장 : 예수님의 논쟁 스페셜
  - 24-25장 : 예수님의 종말 이야기
  - 26-28장 : 십자가, 모든 민족

41 마가복음

시작은 요단강에서의 **세례 요한** 이야기이며(막 1:5), 중간은 예수님의 예루살렘 입성이고(막 11:1), 끝은 예수님께서 하나님 **우편**에 **좌정**하시는 이야기입니다(막 16:19).

말씀

마가복음 1:5 온 유대 지방과 예루살렘 사람이 다 나아가 자기 죄를 자복하고 요단 강에서 그에게 세례를 받더라

마가복음 11:1 그들이 예루살렘에 가까이 와서 감람 산 벳바게와 베다니에 이르렀을 때에 예수께서 제자 중 둘을 보내시며

마가복음 16:19 주 예수께서 말씀을 마치신 후에 하늘로 올려지사 하나님 우편에 앉으시니라

숲보기

〈마가복음〉은 1장부터 16장까지 기록되어 있습니다. 마가는 그중에 11장부터 16장까지, 여섯 장에 걸쳐 예수님의 고난과 십자가 위에서의 죽으심과 부활에 대해서 기록해놓았습니다. 왜냐하면 당시 유대인들이 '오실 메시아는 로마로부터 정치적인 해방을 이룰 왕일 것'이라고 오해하고 있었기 때문입니다. 그러나 진정한 메시아이신 우리 예수님은 우리의 죄를 대신하여 십자가 위에서 죽으심으로 우리를 죄에서 해방시켜주신 분이며, 하나님의 아들이십니다. 마가는 유대인들에게 예수님에 대한 오해를 풀어주고 로마에 있는 성도들에게도 우리 예수님에 대해 바르게 알려주기 위해 〈마가복음〉을 기록했습니다. 이러한 〈마가복음〉에는 모든 병을 고치시며 인생을 변화시키시는 예수님의 능력이 강조되어 있습니다. 중풍병자의 치유, 거라사 광인을 온전하게 하신 일, 손 마른 자를 고치신 일, 혈루병 여인의 치유 등, 예수님의 이적에 대해서 많이 기록되어 있습니다. 또한 마가는 '손을 붙드시다, 고치시다, 데리고 가시다, 슬퍼하시다, 한숨 쉬시다, 사랑하시다, 노하시다' 등 예수님께서 행하신 많은 동사(動詞)를 통해 예수님의 인간적인 면과 진한 사랑을 표현했습니다.

한눈에 보기

- 막 1-16장 ········ 사랑의 결정체 ········>
  - 1-3장 : 복음, 하나님 나라
  - 4-6장 : 난 예수가 참 좋다
  - 7-8장 : 예수님의 손끝 대화
  - 9-10장 : 변화산의 예수님
  - 11-13장 : 마지막 일주일
  - 14-16장 : 마지막 유월절 첫 번째 성찬식

42
누가복음

시작은 세례 요한의 출생이며(눅 1:13), **중간은 예수님의 예루살렘 입성이고**(눅 19:28), **끝은 예수님의 승천입니다**(눅 24:50-51).

말씀

누가복음 1:13 천사가 그에게 이르되 사가랴여 무서워하지 말라 너의 간구함이 들린지라 네 아내 엘리사벳이 네게 아들을 낳아 주리니 그 이름을 요한이라 하라

누가복음 19:28 예수께서 이 말씀을 하시고 예루살렘을 향하여 앞서서 가시더라

누가복음 24:50-51 예수께서 그들을 데리고 베다니 앞까지 나가사 손을 들어 그들에게 축복하시더니 축복하실 때에 그들을 떠나 [하늘로 올려지시니]

숲보기

〈누가복음〉을 기록한 누가는 헬라인으로서 그의 직업은 의사이며 역사가입니다. 누가는 직접 예수님을 대면한 적이 없습니다. 그러나 바울을 통해 예수 그리스도에 대해 알게 된 후, 바울과 함께 평생 복음 전도에 일생을 바친 전도인이 되었습니다. 누가는 〈누가복음〉 외에도 〈사도행전〉을 기록했습니다. 〈마태복음〉이 유대인들을 대상으로 기록되었고, 〈마가복음〉이 로마에 있는 성도들을 위해 기록되었다면, 〈누가복음〉과 〈사도행전〉은 오직 한 사람 데오빌로를 위해 기록된 편지입니다. 누가는 〈누가복음〉의 서두에 쓴 것처럼, 우리 예수님에 대해 모든 일을 근원부터 자세히 차례대로 기록했습니다. 헬라인, 즉 당시에 이방인이었던 누가는 〈누가복음〉 안에 사마리아인, 소외된 자들에 대한 기록을 많이 썼습니다. 특히 누가는 가난한 자들과 사회의 소외된 자들을 위해 정성을 다하시는 예수님의 모습을 강조했습니다. 또한 엠마오로 가는 두 제자, 삭개오, 부자와 나사로, 마리아와 마르다 이야기 등 다른 복음서에서 다루지 않은 많은 자료도 잘 모아 기록으로 남겼습니다.

한눈에 보기

• 눅 1-24장 ········ 용서의 결정체 ········>

1-2장 : 열두 살 때 유월절
3-4장 : 40일 광야 금식
5-6장 : 훈련과 동행
7-8장 : 놀라운 믿음, 백부장
9-10장 : 사마리아의 회복
11-13장 : 바리새인들과 율법교사들 책망
14-16장 : 돈을 좋아하는 바리새인
17-18장 : 예수, 하나님의 나라
19-20장 : 알기 쉬운 비유
21-22장 : 기다린 최후의 만찬
23-24장 : 영광과 평화로의 증인

43 요한복음

시작은 **태초**에 **말씀**이 계시다는 요한의 증언이며(요 1:1), 중간은 예수님의 예루살렘 입성이고(요 12:13), 끝은 **부활 후** 제자들과의 **조찬** 이야기입니다(요 21:12).

말씀

요한복음 1:1 태초에 말씀이 계시니라 이 말씀이 하나님과 함께 계셨으니 이 말씀은 곧 하나님이시니라

요한복음 12:13 종려나무 가지를 가지고 맞으러 나가 외치되 호산나 찬송하리로다 주의 이름으로 오시는 이 곧 이스라엘의 왕이시여 하더라

요한복음 21:12 예수께서 이르시되 와서 조반을 먹으라 하시니 제자들이 주님이신 줄 아는 고로 당신이 누구냐 감히 묻는 자가 없더라

숲보기

사도 요한은 〈요한복음〉과 〈요한일·이·삼서〉, 그리고 〈요한계시록〉을 기록했습니다. 예수님의 제자 중 가장 오랫동안 남아 사역을 감당했던 그가 깊이 생각해보고 또 생각한 결론은 "하나님은 사랑이시라"(요일 4:16)라는 것이었습니다. 하나님께서 세상을 이처럼 사랑하지 않으셨으면 독생자를 우리를 위해 죽기까지 내어주실 수 없기 때문입니다(요 3:16). 요한은 이 거대한 하나님의 사랑을 깊이 깨닫고 큰 감격 속에서 〈요한복음〉을 기록했습니다. 〈요한복음〉은 앞의 세 복음서와는 다른 특징을 가지고 있습니다. 그 기록의 관점이 다르다 하여, 사복음서를 '공관(共觀)복음'과 〈요한복음〉으로 나누기도 합니다. 사실 요한은 예수님의 품에 안겨보았던 제자(요 13:23)로 예수님의 인간적인 체온을 가장 많이 느꼈던 제자였습니다. 그런데 놀랍게도 〈요한복음〉은 예수님이 하나님의 아들이시라는 것, 즉 그분의 신성(神性)이 강조되어 있습니다. 마치 구약의 〈창세기〉처럼 태초의 이야기부터 시작하는 〈요한복음〉을 통해 요한은 깊은 영적 지식을 바탕으로 예수님을 소개하고 있습니다.

한눈에 보기

• 요 1-21장 ········ 신비의 결정체 ········➤

1-3장 : 말씀의 빛 되신 예수님
4-6장 : 참된 예배
7-8장 : 예수님과 초막절
9-11장 : 선한 목자
12-13장 : 예수님과 새 계명
14-15장 : 보혜사 성령
16-17장 : 하나님의 영광을 위한 기도
18-19장 : 십자가, 하늘 지성소
20-21장 : 부활, 가장 위대한 승리

6. 사도행전 30년

44
사도행전

시작은 예수님의 승천이며(행 1:9), 중간은 예루살렘 공회 이야기이고(행 15:11), 끝은 죄수 신분이 된 바울의 로마 도착 이야기입니다(행 28:16).

말씀

사도행전 1:9 이 말씀을 마치시고 그들이 보는데 올려져 가시니 구름이 그를 가리어 보이지 않게 하더라

사도행전 15:11 그러나 우리는 그들이 우리와 동일하게 주 예수의 은혜로 구원 받는 줄을 믿노라 하니라

사도행전 28:16 우리가 로마에 들어가니 바울에게는 자기를 지키는 한 군인과 함께 따로 있게 허락하더라

숲보기

〈사도행전〉에는 초기교회에 충만하게 역사하셨던 성령님의 활동이 소개되어 있습니다. 예수님께서 승천하신 이후, 약속대로 임하신 성령을 받은 초기교회에 권능이 나타나고 서로 사랑하며 담대히 복음을 전하게 되는 놀라운 변화가 일어납니다. 성령님의 도우심과 하나님께서 택하신 사람들의 헌신을 통해 결국 복음이 예루살렘에서 시작하여 온 유대와 사마리아와 땅끝까지 전파되는 과정이 자세히 기록되어 나옵니다. 〈사도행전〉의 저자가 바울의 전도여행에 동행했던 의사 누가였기 때문에 〈사도행전〉의 후반부는 사도 바울의 사역을 중심으로 기록되어 있습니다.

한눈에 보기

• 행 1-12장	비로소 깨달은 '함께'의 의미	1-2장 : 열리는 제자 시대 3-5장 : 2차 산헤드린 공회(공의회) 6-9장 : 스데반 순교 10-12장 : 고넬료의 성령 충만
• 행 13-19장	진리와 자유를 위대한 대장정	13장-15:35 : 예루살렘 공의회 15:36-18:22 : 바울의 2차 전도여행 18:23-19장 : 바울의 3차 전도여행
• 행 20-28장	땅끝 비전과 받음직한 섬김	20:1-6 : 모든 길은 예수로 20:7-23장 : 바울의 5차 산헤드린 공회 재판 24-26장 : 바울의 로마 황제 재판 청구 27-28장 : 죄수 바울의 로마 도착

45 데살로니가 전서

시작은 마게도냐와 아가야의 모든 **믿는 자의 자랑**, 데살로니가 성도 소개이며(살전 1:7), 중간은 디모데를 보낸다는 이야기이고(살전 3:2), 끝은 주의 **강림을 강조**한 것입니다(살전 5:23).

말씀

데살로니가전서 1:7 그러므로 너희가 마게도냐와 아가야에 있는 모든 믿는 자의 본이 되었느니라

데살로니가전서 3:2 우리 형제 곧 그리스도의 복음을 전하는 하나님의 일꾼인 디모데를 보내노니 이는 너희를 굳건하게 하고 너희 믿음에 대하여 위로함으로

데살로니가전서 5:23 평강의 하나님이 친히 너희를 온전히 거룩하게 하시고 또 너희의 온 영과 혼과 몸이 우리 주 예수 그리스도께서 강림하실 때에 흠 없게 보전되기를 원하노라

숲보기

데살로니가는 바울이 복음을 전하다가 유대인들의 위협으로 3주 만에 쫓겨난 곳입니다. 하지만 그곳에 복음의 씨앗이 뿌리를 내려 교회가 세워진 것입니다. 바울이 데살로니가 교회의 성도들에게 다시 오실 예수님에 대한 기대와 희망으로 지금의 어려움과 고난을 이겨 나가라는 격려를 하고자 쓴 편지가 〈데살로니가전서〉입니다. 당시 초기 교회는, 승천하시면서 곧 다시 오겠다고 하셨던 예수님의 말씀을 붙들고 복음 전파에 더 긴박감을 가지고 있었습니다. 그런데 예수님의 재림 시기가 조금씩 늦어지자 데살로니가 성도들의 마음에 예수님의 재림에 대한 궁금증이 커지기 시작했습니다. 이 소식을 들은 바울이 예수님께서는 반드시 다시 오실 것이라고 말하며 그들을 격려하는 편지를 쓴 것입니다.

한눈에 보기

• 살전 1-5장 ······ 믿음의 진보를 이루라 ······➤

1장 : 모든 믿는 자에게 본이 된 데살로니가 교회
2장 : 권면과 위로의 목적으로 쓰는 편지
3장 : 주 안에서 굳게 선 데살로니가 교회
4장 : 하나님의 뜻은 너희의 거룩함이라
5장 : 항상 깨어 기다리라

46 데살로니가 후서

시작은 환난 중에 인내와 믿음을 지닌 데살로니가 **교회를 격려**한 것이며(살후 1:4), 중간은 주의 날이 이르렀다고 해서 마음이 쉽게 흔들려서는 안 된다는 이야기이고(살후 2:2), 끝은 **규모 있는 신앙**생활을 강조한 것입니다(살후 3:11).

말씀

데살로니가후서 1:4 그러므로 너희가 견디고 있는 모든 박해와 환난 중에서 너희 인내와 믿음으로 말미암아 하나님의 여러 교회에서 우리가 친히 자랑하노라

데살로니가후서 2:2 영으로나 또는 말로나 또는 우리에게서 받았다 하는 편지로나 주의 날이 이르렀다고 해서 쉽게 마음이 흔들리거나 두려워하거나 하지 말아야 한다는 것이라

데살로니가후서 3:11 우리가 들은즉 너희 가운데 게으르게 행하여 도무지 일하지 아니하고 일을 만들기만 하는 자들이 있다 하니

숲보기

데살로니가 교회에 일어난 여러 가지 문제 중 가장 심각한 것은, 예수님께서 곧 오실 것이라는 '종말 사상'이 퍼져서 많은 성도가 일상을 놓고 혼란에 빠져 있다는 것이었습니다. 아마도 바울이 이전에 보낸 〈데살로니가전서〉를 읽고, 일부 성도들이 몇몇 구절만을 확대 해석한 결과이기도 했을 것입니다. 바울은 예수님께서 반드시 재림하시는 것은 분명한 사실이지만, 우리는 그때와 시기를 알 수 없고, 이 땅에 사는 동안 하루하루의 생활을 성실히 해야 하는 것임을 〈데살로니가후서〉를 통해 강하게 교훈합니다.

한눈에 보기

살후 1-3장 ······ 수고하여 구원을 이루어가라 ······▶ 1장 : 환난 중에 인내와 믿음을 보인 데살로니가 교회
2장 : 그리스도가 강림하실 때의 징조들
3장 : 조용히 일하여 자기 양식을 먹으라

47 갈라디아서

시작은 다른 복음은 없다, 오직 그리스도 복음만 있다는 바울의 선언이며(갈 1:7)**, 중간은 우리를 아빠 아버지라 부르게 하셨다는 이야기이고**(갈 4:6)**, 끝은 내 몸에 예수의 흔적을 지니고 있다는 바울의 고백 이야기입니다**(갈 6:17)**.**

말씀

갈라디아서 1:7 다른 복음은 없나니 다만 어떤 사람들이 너희를 교란하여 그리스도의 복음을 변하게 하려 함이라

갈라디아서 4:6 너희가 아들이므로 하나님이 그 아들의 영을 우리 마음 가운데 보내사 아빠 아버지라 부르게 하셨느니라

갈라디아서 6:17 이 후로는 누구든지 나를 괴롭게 하지 말라 내가 내 몸에 예수의 흔적을 지니고 있노라

숲보기

갈라디아 지방에 바울이 편지를 보냅니다. 갈라디아 여러 교회에 거짓 복음이 들어왔다는 소식이 들려온 것입니다. 거짓 복음을 전하는 자들은 예수 그리스도를 믿더라도 구원을 받기 위해서는 할례를 받아야 한다고 주장하는 유대 율법주의자들이었습니다. 한마디로, 율법을 지켜야 구원을 받는다는 것입니다. 그러나 예수 그리스도의 복음에는 그 어떠한 조건도 없습니다. 율법을 강조하는 이들은 아직도 사람을 외모로 판단하며 자유인과 종, 남자와 여자, 할례를 받은 사람과 그렇지 않은 사람을 구분하여 하나님의 은혜를 받는 조건에 이러한 것들을 포함시켰던 것입니다. 〈갈라디아서〉에는 이들의 논리에 대항하여 예수 그리스도의 복음을 수호하려는 바울의 열정과 결심이 나타나 있습니다.

한눈에 보기

• 갈 1-6장 ·········· 진리 안에서 자유하라 ··········>

1장 : 다른 복음은 없다
2장 : 오직 믿음으로 의롭게 되나니
3장 : 율법보다 우월한 믿음
4장 : 다시는 종의 멍에를 메지 말라
5장 : 성령의 열매를 맺으라
6장 : 각각 자기의 짐을 지라

48 고린도전서

시작은 고린도 교회를 향한 안부이며(고전 1:2-3), 중간은 자유자 바울이 복음을 위해 모든 사람의 종이 된다는 이야기이고(고전 9:19), 끝은 예루살렘 교회 성도를 위한 연보를 강조하는 것입니다(고전 16:3).

말씀

고린도전서 1:2-3 고린도에 있는 하나님의 교회 곧 그리스도 예수 안에서 거룩하여지고 성도라 부르심을 받은 자들과 또 각처에서 우리의 주 곧 그들과 우리의 주 되신 예수 그리스도의 이름을 부르는 모든 자들에게 하나님 우리 아버지와 주 예수 그리스도로부터 은혜와 평강이 있기를 원하노라

고린도전서 9:19 내가 모든 사람에게서 자유로우나 스스로 모든 사람에게 종이 된 것은 더 많은 사람을 얻고자 함이라

고린도전서 16:3 내가 이를 때에 너희가 인정한 사람에게 편지를 주어 너희의 은혜를 예루살렘으로 가지고 가게 하리니

숲보기

에베소에 있는 바울에게 고린도 교회의 소식이 들려왔습니다. 다름이 아니라 고린도 교인들이 바울파, 아볼로파, 게바파, 그리스도파로 나뉘어서 서로 대립하며 갈등하고 있다는 것입니다. 〈고린도전서〉는 교회의 분열과 성도들의 삶에 나타난 여러 문제에 대한 바울의 대답입니다. 교회가 분열되는 것은 자신의 지혜로 다른 사람을 판단하기 때문입니다. 그러나 교회가 사람의 지혜가 아닌 하나님의 지혜를 인정할 때, 서로의 작은 차이는 그 안에서 사라지게 된다고 바울은 강조합니다. 서로를 하나로 만드는 사랑에 관하여 자세히 서술한 고린도전서 13장은 '사랑장'으로 유명합니다.

한눈에 보기

- 고전 1-16장 ······ 제자 훈련, 사랑과 은사 ······▶
  - 1-4장 : 너희 몸이 성전
  - 5-8장 : 성도 간의 분쟁 문제
  - 9-11장 : 예수 그리스도를 아는 지식
  - 12-14장 : 그리스도인이란?
  - 15-16장 : 부활의 증인들

49 고린도후서

시작은 고린도 교회를 향한 안부이며(고후 1:1-2), 중간은 우리는 하나님의 성전이라는 이야기이고(고후 6:16), 끝은 고린도 교회로 세 번째 갈 것을 밝히는 이야기입니다(고후 13:1).

말씀

고린도후서 1:1-2 하나님의 뜻으로 말미암아 그리스도 예수의 사도 된 바울과 형제 디모데는 고린도에 있는 하나님의 교회와 또 온 아가야에 있는 모든 성도에게 하나님 우리 아버지와 주 예수 그리스도로부터 은혜와 평강이 있기를 원하노라

고린도후서 6:16 하나님의 성전과 우상이 어찌 일치가 되리요 우리는 살아 계신 하나님의 성전이라 이와 같이 하나님께서 이르시되 내가 그들 가운데 거하며 두루 행하여 나는 그들의 하나님이 되고 그들은 나의 백성이 되리라

고린도후서 13:1 내가 이제 세 번째 너희에게 가리니 두세 증인의 입으로 말마다 확정하리라

숲보기

〈고린도전서〉를 써 보내고 공동체가 화합하게 되었다는 좋은 소식을 기다리던 바울에게 들려온 것은 문제가 해결되기는커녕, 오히려 공동체 안에 '바울의 사도성'에 대

해 의문을 제기하고 바울을 공격하는 사람들이 생겼다는 소식이었습니다. 바울은 자신의 사도성이 의심받는 것은 곧 자신이 전한 복음에까지 영향을 미칠 수 있기에, 자신이 사도인 것과 그동안 복음을 전하며 받아온 고난에 대해 담대하고도 솔직하게 고백합니다. 이 편지가 고린도후서 10~13장입니다. 그리고 고린도후서 1~9장은 두 번째 편지(고후 10~13장)를 받고 회개한 고린도 성도들에게 감사와 기쁨의 마음을 담아 보낸 편지입니다.

한눈에 보기

· 고후 1-13장 ········ 낮은 마음, 높은 설득 ········➤ 1-4장 : 너희는 그리스도의 편지
5-9장 : 마음을 넓히라
10-13장 : 사도 바울의 영적 체험

50 로마서

시작은 로마 성도들에게 안부를 묻는 것이며(롬 1:7), 중간은 생명의 성령의 법 이야기이고(롬 8:2), 끝은 바울의 동역자들에게 서로 문안하는 것입니다(롬 16:3).

말씀

로마서 1:7 로마에서 하나님의 사랑하심을 받고 성도로 부르심을 받은 모든 자에게 하나님 우리 아버지와 주 예수 그리스도로부터 은혜와 평강이 있기를 원하노라

로마서 8:2 이는 그리스도 예수 안에 있는 생명의 성령의 법이 죄와 사망의 법에서 너를 해방하였음이라

로마서 16:3 너희는 그리스도 예수 안에서 나의 동역자들인 브리스가와 아굴라에게 문안하라

숲보기

바울의 최종 목표는 로마를 거쳐 당시 땅끝으로 여기고 있던 서바나(스페인)까지 가서 복음을 전하는 것이었습니다. 이를 위해 바울은 로마 교회에서 후원받기를 원하며 자신을 소개하는 〈로마서〉를 써 보냈습니다. 이 편지를 통해 바울은 죄에 빠져 죽을 수밖에 없는 인생을 구원하시는 분도, 율법과 죽음으로부터 자유하게 하시는 분도, 하나님과 인생들의 막힌 죄의 담을 허물어버리신 분도 예수 그리스도이심을 전합니다. 〈로마서〉는 바울의 서신서들 중에서 가장 논리적이고 체계적으로 복음이 무엇인가를 설명하고 있는 책입니다.

한눈에 보기

- 롬 1-16장 ········ 땅끝 비전과 받음직한 섬김 ········>
  - 1-3장 : 모든 길은 예수로
  - 4-7장 : 아담의 불순종과 예수님의 순종
  - 8-11장 : 장차 나타날 영광
  - 12-14장 : 산 제물과 영적 예배
  - 15-16장 : 복음의 제사장 직분

51
에베소서

시작은 바울의 **창세전**, 하나님의 **예정**을 찬송하는 것이며(엡 1:3-4), 중간은 성령이 하나 되게 하신 것을 힘써 지키라는 이야기이고(엡 4:3), 끝은 특별히 너희를 위로하기 위하여 **두기고**를 보낸다는 이야기입니다(엡 6:22).

말씀

에베소서 1:3-4 찬송하리로다 하나님 곧 우리 주 예수 그리스도의 아버지께서 그리스도 안에서 하늘에 속한 모든 신령한 복을 우리에게 주시되 곧 창세 전에 그리스도 안에서 우리를 택하사 우리로 사랑 안에서 그 앞에 거룩하고 흠이 없게 하시려고

에베소서 4:3 평안의 매는 줄로 성령이 하나 되게 하신 것을 힘써 지키라

에베소서 6:22 우리 사정을 알리고 또 너희 마음을 위로하기 위하여 내가 특별히 그를 너희에게 보내었노라

숲보기

〈에베소서〉는 일생을 바쳐 교회를 위해 일했던 바울이 로마에서 가택 연금된 상태로 갇혀 있을 때 보낸 옥중서신 중 하나입니다. 바울은 에베소 교회에 보낸 이 편지를 통해 교회가 무엇인지를 정의해주고 있습니다. 바울은 하나님의 섭리, 곧 성령의 역사하심을 찬양하며, 교회란 '예수 그리스도의 몸이며, 하나님께서 온 세상을 창조하시며 만물 가운데 충만하게 하시는 이의 충만함'이라고 정의합니다.

한눈에 보기

- 엡 1-6장 ········ 그리스도 안에서 우리는 하나 ········>
  - 1장 : 기쁘신 뜻대로 예정하신 구원
  - 2장 : 하나님의 선물인 구원
  - 3장 : 감춰진 하늘의 비밀
  - 4장 : 그리스도 안에서 하나 됨
  - 5장 : 하나님을 본받는 자가 되라
  - 6장 : 복음의 전신 갑주

52 빌립보서

시작은 빌립보 성도를 위한 기쁨의 **감사와 간구**이며(빌 1:3-4), 중간은 그리스도의 낮아지심 이야기이고(빌 2:6), 끝은 에바브로디도 편에 보낸 **선물**에 대한 **감사**입니다(빌 4:18).

말씀

빌립보서 1:3-4 내가 너희를 생각할 때마다 나의 하나님께 감사하며 간구할 때마다 너희 무리를 위하여 기쁨으로 항상 간구함은

빌립보서 2:6 그는 근본 하나님의 본체시나 하나님과 동등됨을 취할 것으로 여기지 아니하시고

빌립보서 4:18 내게는 모든 것이 있고 또 풍부한지라 에바브로디도 편에 너희가 준 것을 받으므로 내가 풍족하니 이는 받으실 만한 향기로운 제물이요 하나님을 기쁘시게 한 것이라

숲보기

로마 감옥에 갇힌 바울이 기뻐하고 있습니다. 그의 기쁨은 그의 고난과 함께 묶여 있는 기쁨입니다. 복음을 위해 고난 받는 기쁨, 이 기쁨은 바울의 기쁨이었고 또한 그의 전도를 받은 빌립보 교회의 기쁨이었습니다. 자신이 감옥에 갇혀 있음에도 불구하고, 자신을 걱정하는 빌립보 성도들의 마음을 도리어 위로하며 사랑의 편지를 한 글자 한 글자 적어 보내는 바울의 마음이 〈빌립보서〉를 통해 뭉클하게 다가옵니다.

한눈에 보기

• 빌 1-4장 ········ 고난 중의 기쁨과 감사 ········➝
1장 : 빌립보 교회로 인한 기쁨
2장 : 너희 안에 이 마음을 품으라
3장 : 그리스도를 아는 고상한 지식
4장 : 주 안에서 항상 기뻐하라

53 골로새서

시작은 골로새 **교회**를 향한 **안부**이며(골 1:2), 중간은 하나님의 비밀, 그리스도 이야기이고(골 2:2), 끝은 두기고와 오네시모를 보내며 격려한 바울의 **친필 문안**입니다(골 4:18).

말씀

골로새서 1:2 골로새에 있는 성도들 곧 그리스도 안에서 신실한 형제들에게 편지하노니 우리 아버지 하나님으로부터 은혜와 평강이 너희에게 있을지어다

골로새서 2:2 이는 그들로 마음에 위안을 받고 사랑 안에서 연합하여 확실한 이해의 모든 풍성함과 하나님의 비밀인 그리스도를 깨닫게 하려 함이니

골로새서 4:18 나 바울은 친필로 문안하노니 내가 매인 것을 생각하라 은혜가 너희에게 있을지어다

숲보기
바울은 〈에베소서〉에서 교회가 무엇인가를 정의했습니다. 그리고 비슷한 시기에 기록한 〈골로새서〉를 통해서는 예수님이 누구신지에 관해 설명하고 있습니다. 바울이 처음 만난 예수님은 다메섹으로 가는 어리석고 죄 많은 자신을 친히 만나주신 분이었습니다. 그 후로 예수님을 섬기는 삶을 살았던 바울은 예수님께서 세상의 모든 것을 만드신 창조주 하나님이라는 사실을 확신하게 되었고, 그 사실을 골로새 성도들에게도 전해주고 싶었습니다.

한눈에 보기
• 골 1-4장 ······ 우주의 주권자 예수 그리스도 ······▸

1장 : 교회의 머리 예수 그리스도
2장 : 모든 통치자와 권세의 머리 예수 그리스도
3장 : 옛 사람을 벗어 버리고 새 사람을 입으라
4장 : 바울의 문안과 인사

54 빌레몬서

시작은 빌레몬에 대한 칭찬과 감사이며(몬 1:4), 중간은 바울이 갇힌 중에서 낳은 아들 오네시모 이야기이고(몬 1:10), 끝은 빌레몬을 형제로 부르며 오네시모를 부탁하는 이야기입니다(몬 1:20).

말씀
빌레몬서 1:4 내가 항상 내 하나님께 감사하고 기도할 때에 너를 말함은
빌레몬서 1:10 갇힌 중에서 낳은 아들 오네시모를 위하여 네게 간구하노라
빌레몬서 1:20 오 형제여 나로 주 안에서 너로 말미암아 기쁨을 얻게 하고 내 마음이 그리스도 안에서 평안하게 하라

숲보기
〈빌레몬서〉는 바울이 만난 한 종과 그의 주인과의 관계를 회복하려는 노력의 산물입니다. 자신의 제자인 빌레몬의 집에서 도망 나온 종 오네시모에게 복음을 전한 바울은 오네시모를 빌레몬에게 돌려보내면서, 그리스도 안에서 그를 종이 아닌 형제로 받아주라고 부탁하기 위해 이 편지를 썼습니다. 당시 시대 상황에서는 상상도 할 수 없는 충격적인 생각입니다. 예수 그리스도를 믿는 바울이 예수 그리스도를 믿는 오네시모를 위해, 예수 그리스도를 믿는 빌레몬에게 보낸 '기적'의 편지입니다.

한눈에 보기

• 몬 1장 ········ 기적의 편지 ········➤ 1장 : 제국을 넘어 하나님 나라로

55 디모데전서

시작은 믿음의 아들 디모데에게 주는 교훈이며(딤전 1:18), 중간은 감독의 직분에 대한 이야기이고(딤전 3:1-2), 끝은 믿음의 선한 싸움을 싸우라는 바울의 당부입니다(딤전 6:12).

말씀

디모데전서 1:18 아들 디모데야 내가 네게 이 교훈으로써 명하노니 전에 너를 지도한 예언을 따라 그것으로 선한 싸움을 싸우며

디모데전서 3:1-2 미쁘다 이 말이여, 곧 사람이 감독의 직분을 얻으려 함은 선한 일을 사모하는 것이라 함이로다 그러므로 감독은 책망할 것이 없으며 한 아내의 남편이 되며 절제하며 신중하며 단정하며 나그네를 대접하며 가르치기를 잘하며

디모데전서 6:12 믿음의 선한 싸움을 싸우라 영생을 취하라 이를 위하여 네가 부르심을 받았고 많은 증인 앞에서 선한 증언을 하였도다

숲보기

바울은 약한 몸을 돌보지 않고 복음을 전하는 데 최선을 다하는 디모데를 격려하고 믿음의 선한 싸움을 싸우라고 힘을 북돋아줍니다. 〈디모데전서〉는 〈디도서〉와 함께 목회서신으로 불리기도 합니다. 〈디모데전서〉에는 목회자로서 교회를 어떻게 돌보아야 할 것인지에 관해, 그리고 교회 안의 각 직분자들을 어떻게 세우고 함께 협력할 것인지 등에 관해 자세히 적혀 있습니다.

한눈에 보기

• 딤전 1-6장 ········ 예수의 선한 일꾼 ········➤

1장 : 믿음과 착한 양심을 가지라
2장 : 기도에 대한 가르침
3장 : 감독과 집사의 자격
4장 : 경건에 이르도록 네 자신을 연단하라
5장 : 과부의 선별과 교회의 운영
6장 : 믿음의 선한 싸움을 싸우라

56 디도서

시작은 그레데에 **디도를 남겨둔 이유**를 밝힌 것이며(딛 1:5), 중간은 범사에 선한 일의 본이 되라는 이야기이고(딛 2:7), 끝은 디도에게 니고볼리로 **급히 올 것**을 부탁하는 내용입니다(딛 3:12).

말씀

디도서 1:5 내가 너를 그레데에 남겨 둔 이유는 남은 일을 정리하고 내가 명한 대로 각 성에 장로들을 세우게 하려 함이니

디도서 2:7 범사에 네 자신이 선한 일의 본을 보이며 교훈에 부패하지 아니함과 단정함과

디도서 3:12 내가 아데마나 두기고를 네게 보내리니 그 때에 네가 급히 니고볼리로 내게 오라 내가 거기서 겨울을 지내기로 작정하였노라

숲보기

바울은 디도에게도 디모데와 같이 '나의 참 아들'이라는 칭호를 붙이고 있습니다. 복음의 어려움이 있는 곳에 바울이 직접 갈 수 없는 경우에는 디도를 보낼 정도로 바울과 디도는 신뢰가 깊은 사이였습니다. 감옥에 갇힌 바울은 오히려 디도를 격려하고 바른 교훈을 주기 위해 정성껏 편지를 써서 보냈습니다. 이때 쓴 편지가 그레데 교회를 섬기는 디도에게 보낸 목회서신 〈디도서〉입니다.

한눈에 보기

• 딛 1-3장 ········ 희망의 상속자 ········➤ 1장 : 교회의 직분자에 대한 교훈
2장 : 교회의 성도들에 대한 권면
3장 : 그리스도인의 행실

57 디모데후서

시작은 외조모 로이스와 어머니 유니게, **디모데 가족** 이야기이며(딤후 1:5), 중간은 하나님의 견고한 터가 섰다는 이야기이고(딤후 2:19), 끝은 디모데에게 어서 **속히 오라**는 부탁입니다(딤후 4:21).

말씀

디모데후서 1:5 이는 네 속에 거짓이 없는 믿음이 있음을 생각함이라 이 믿음은 먼저 네 외조모 로이스와 네 어머니 유니게 속에 있더니 네 속에도 있는 줄을 확신하노라

디모데후서 2:19 그러나 하나님의 견고한 터는 섰으니 인침이 있어 일렀으되 주께서 자기 백성을 아신다 하며 또 주의 이름을 부르는 자마다 불의에서 떠날지어다 하였느니라

디모데후서 4:21 너는 겨울 전에 어서 오라 으불로와 부데와 리노와 글라우디아와 모든 형제가 다 네게 문안하느니라

숲보기

로마 감옥에 갇혀 있던 바울이 잠시 풀려났다가, 다시 로마 네로 황제에 의해 감옥에 갇히게 됩니다. 바울이 자신의 생애가 끝나감을 직감하고 믿음의 아들 디모데에게 유언처럼 쓴 편지가 〈디모데후서〉입니다. 바울은 자신이 복음을 전하며 받았던 고통이 얼마나 큰 것인지를 경험으로 알면서도 그 일이 복된 일이기에 자신을 이어 복음 전하는 일을 디모데에게 부탁한 것입니다.

한눈에 보기

• 딤후 1-4장 ········ 복음과 함께 고난을 받으라 ········➤

1장 : 네게 부탁한 아름다운 것을 지키라
2장 : 복음과 함께 고난을 받으라
3장 : 모든 성경은 하나님의 감동으로 된 것으로
4장 : 준비된 의의 면류관

7. 공동서신 9권

58 히브리서

시작은 구약의 선지자들 이야기이며(히 1:1), 중간은 예수님께서 장래 좋은 일의 대제사장이시라는 선언이고(히 9:11), 끝은 영문 밖으로 예수님께 나가자는 것입니다(히 13:13).

말씀

히브리서 1:1 옛적에 선지자들을 통하여 여러 부분과 여러 모양으로 우리 조상들에게 말씀하신 하나님이

히브리서 9:11 그리스도께서는 장래 좋은 일의 대제사장으로 오사 손으로 짓지 아니한 것 곧 이 창조에 속하지 아니한 더 크고 온전한 장막으로 말미암아

히브리서 13:13 그런즉 우리도 그의 치욕을 짊어지고 영문 밖으로 그에게 나아가자

숲보기

히브리서 기자는 〈히브리서〉를 통해 구약에서부터 예수 그리스도까지, 예수 그리스도에서부터 그 시대의 사람들에게까지 이르는 역사를 더듬으며 신앙의 뿌리가 어디에서부터 시작되었는지를 알려줍니다. 또한 예수 그리스도의 복음이 무엇인지 명확하게 설명함으로 그리스도인들에게 복음의 사람으로서의 정체성이 어떠해야 하는지 알려줍니다. 저자가 확실하지 않은 책이지만, 아마도 바울이 기록했을 것이라는 의견이 다수 있습니다.

한눈에 보기

• 히 1-13장 ········ 고인 전통, 움직이는 교회 ········➤ 1-4장 : 하나님의 아들 예수
5-10장 : 대제사장 예수, 새 언약의 보증
11-13장 : 예수를 바라보며 경주하라

59
야고보서

시작은 흩어져 있는 **열두 지파에**게 **문안**하는 것이며(약 1:1), 중간은 말에 실수가 없는 자 이야기이고(약 3:2), 끝은 **의인의 간구**는 역사하는 힘이 크다는 선언입니다(약 5:16).

말씀

야고보서 1:1 하나님과 주 예수 그리스도의 종 야고보는 흩어져 있는 열두 지파에게 문안하노라

야고보서 3:2 우리가 다 실수가 많으니 만일 말에 실수가 없는 자라면 곧 온전한 사람이라 능히 온 몸도 굴레 씌우리라

야고보서 5:16 그러므로 너희 죄를 서로 고백하며 병이 낫기를 위하여 서로 기도하라 의인의 간구는 역사하는 힘이 큼이니라

숲보기

〈야고보서〉를 비롯한 공동서신에는 큰 박해가 전제되어 있습니다. 기독교를 향한 박해 속에서 예수 그리스도를 부인하라는 배교의 유혹이 늘 있었습니다. 이런 시대 상황에서는 신앙을 잃지 않고 끝까지 인내하는 믿음, 곧 실천하는 믿음이 필요했습니다. 이 세상의 풍파에 떠밀려 다니는 인생이 아닌 굳건한 믿음과 구체적인 실천을 겸비한 그리스도인들로 말미암아 이 땅에 하나님의 나라가 임한다고 야고보는 주장합니다.

한눈에 보기

• 약 1-5장 ········ 행함, 믿는 자의 움직임 ········➤ 1장 : 지혜가 부족하거든 하나님께 구하라
2장 : 행함이 없는 것은 죽은 것이라
3장 : 입술의 말을 조심하라
4장 : 주 앞에서 낮추라
5장 : 길이 참고 마음을 굳건하게 하라

60 베드로전서

시작은 **부활**의 **소망**을 찬송하는 것이며(벧전 1:3), 중간은 악을 악으로 갚지 말고 도리어 복을 빌라는 이야기이고(벧전 3:9), 끝은 함께 **장로 된 자들에**게 주는 **권면**입니다(벧전 5:1).

말씀

베드로전서 1:3 우리 주 예수 그리스도의 아버지 하나님을 찬송하리로다 그의 많으신 긍휼대로 예수 그리스도를 죽은 자 가운데서 부활하게 하심으로 말미암아 우리를 거듭나게 하사 산 소망이 있게 하시며

베드로전서 3:9 악을 악으로, 욕을 욕으로 갚지 말고 도리어 복을 빌라 이를 위하여 너희가 부르심을 받았으니 이는 복을 이어받게 하려 하심이라

베드로전서 5:1 너희 중 장로들에게 권하노니 나는 함께 장로 된 자요 그리스도의 고난의 증인이요 나타날 영광에 참여할 자니라

숲보기

〈베드로전서〉는 고난과 핍박을 견디고 있는 성도들에게 힘과 격려를 주기 위해 쓴 편지입니다. 베드로는 미래에 대한 강한 소망과 비전이 있는 사람에게는 현재의 시련과 고난을 기쁨으로 바꿔낼 수 있는 힘이 있다고 말합니다. 베드로는 이 사실을 강조하며 소아시아 교회를 향해 예수님 안에 있는 참 소망에 대해 이야기합니다.

한눈에 보기

• 벧전 1-5장 ········ 소망의 반석 ········→

1장 : 예수 그리스도의 소망
2장 : 택하신 족속, 왕 같은 제사장, 거룩한 나라
3장 : 의를 위하여 고난을 받으라
4장 : 그리스도의 고난에 참여하는 인생
5장 : 그리스도의 영광에 참여하는 인생

61 베드로후서

시작은 나의 **장막**을 **벗어날 것**이 임박한 줄을 알고 있다는 것이며(벧후 1:14), 중간은 거짓 선생들을 조심하라는 이야기이고(벧후 2:1), 끝은 **성경을 억지로 풀지 말라**는 경고입니다(벧후 3:16).

말씀

베드로후서 1:14 이는 우리 주 예수 그리스도께서 내게 지시하신 것 같이 나도 나의 장막을 벗어날 것이 임박한 줄을 앎이라

베드로후서 2:1 그러나 백성 가운데 또한 거짓 선지자들이 일어났었나니 이와 같이 너희 중에도 거짓 선생들이 있으리라 그들은 멸망하게 할 이단을 가만히 끌어들여 자기들을 사신 주를 부인하고 임박한 멸망을 스스로 취하는 자들이라

베드로후서 3:16 또 그 모든 편지에도 이런 일에 관하여 말하였으되 그 중에 알기 어려운 것이 더러 있으니 무식한 자들과 굳세지 못한 자들이 다른 성경과 같이 그것도 억지로 풀다가 스스로 멸망에 이르느니라

숲보기

성경 전체의 숲에서 볼 때 사탄은 유혹과 훼방으로 하나님께 대한 믿음을 가진 모든 사람을 흔들었습니다. 이처럼 수많은 유혹과 시험 가운데서 믿음을 지키는 사람들을 향해 베드로는 하나님의 도우심이 함께하심을 강조합니다. 그리고 끝까지 믿음을 지켜나갈 것을 격려하며 복음 2세대에게 〈베드로후서〉를 건넵니다.

한눈에 보기

• 벧후 1-3장 ······ 거짓 교훈을 물리치라 ······▸ 1장 : 너희 부르심과 택하심을 굳게 하라
2장 : 거짓 교사들을 주의하라
3장 : 하나님의 날을 사모하라

62 유다서

시작은 믿음의 도를 위하여 힘써 싸우라는 당부이며(유 1:3), **중간은 천사장 미가엘 이야기이고**(유 1:9), **끝은 의심하는 자들을 긍휼히 여기라는 것입니다**(유 1:22).

말씀

유다서 1:3 사랑하는 자들아 우리가 일반으로 받은 구원에 관하여 내가 너희에게 편지하려는 생각이 간절하던 차에 성도에게 단번에 주신 믿음의 도를 위하여 힘써 싸우라는 편지로 너희를 권하여야 할 필요를 느꼈노니

유다서 1:9 천사장 미가엘이 모세의 시체에 관하여 마귀와 다투어 변론할 때에 감히 비방하는 판결을 내리지 못하고 다만 말하되 주께서 너를 꾸짖으시기를 원하노라 하였거늘

유다서 1:22 어떤 의심하는 자들을 긍휼히 여기라

숲보기

〈유다서〉는 교회가 박해를 받고, 성도들 가운데 배교하는 이들이 생기는 영적 싸움의 현장 가운데에서 어떻게 굳은 믿음을 지켜야 하는지를 교훈하는 귀한 말씀입니다.

한눈에 보기

• 유 1장 ··········· 믿음을 위한 투쟁 ··········▸ 1장 : 믿음의 도를 위하여

63 요한일서

시작은 **하나님과**의 **사귐**이 무엇인지를 알려주는 것이며(요일 1:3), 중간은 "하나님은 사랑이심이라"라는 선포이고(요일 4:8), 끝은 그리스도 안에서의 영생을 **하나님께 속한 자**인 우리에게 알게 하신 이야기입니다(요일 5:19-20).

말씀

요한일서 1:3 우리가 보고 들은 바를 너희에게도 전함은 너희로 우리와 사귐이 있게 하려 함이니 우리의 사귐은 아버지와 그의 아들 예수 그리스도와 더불어 누림이라

요한일서 4:8 사랑하지 아니하는 자는 하나님을 알지 못하나니 이는 하나님은 사랑이심이라

요한일서 5:19-20 또 아는 것은 우리는 하나님께 속하고 온 세상은 악한 자 안에 처한 것이며 또 아는 것은 하나님의 아들이 이르러 우리에게 지각을 주사 우리로 참된 자를 알게 하신 것과 또한 우리가 참된 자 곧 그의 아들 예수 그리스도 안에 있는 것이니 그는 참 하나님이시요 영생이시라

숲보기

사도 요한은 〈요한복음〉에서는 예수님께서 어떻게 세상의 빛으로 사셨는지를 알려주었고, 〈요한일서〉에서는 세상의 빛 되시는 예수님을 따르는 그리스도인들이 세상의 빛으로서의 삶을 어떻게 살아가야 하는가를 설명했습니다. 요한은 "하나님은 사랑이심이라"(요일 4:8)라고 정의하며, 하나님의 사랑을 알 것과 하나님의 사랑을 실천하며 살 것을 강조합니다.

한눈에 보기

• 요일 1-5장 ··········· 하나님은 사랑이시다 ··········▸
1장 : 빛으로 오신 예수 그리스도
2장 : 빛 가운데 거하라
3장 : 사랑하는 자들아 서로 사랑하자
4장 : 하나님은 사랑이시라
5장 : 그리스도는 참 하나님이시요 영생이시라

64 요한이서

시작은 어느 부녀에게 전하는 **서로 사랑**하라는 **당부**이며(요이 1:5), 중간은 미혹하는 적그리스도 이야기이고(요이 1:7), 끝은 가서 대면하기를 원한다는 **사도 요한**의 **소망**입니다(요이 1:12).

말씀

요한이서 1:5 부녀여, 내가 이제 네게 구하노니 서로 사랑하자 이는 새 계명 같이 네게 쓰는 것이 아니요 처음부터 우리가 가진 것이라

요한이서 1:7 미혹하는 자가 세상에 많이 나왔나니 이는 예수 그리스도께서 육체로 오심을 부인하는 자라 이런 자가 미혹하는 자요 적그리스도니

요한이서 1:12 내가 너희에게 쓸 것이 많으나 종이와 먹으로 쓰기를 원하지 아니하고 오히려 너희에게 가서 대면하여 말하려 하니 이는 너희 기쁨을 충만하게 하려 함이라

숲보기

사도 요한은 〈요한이서〉를 통해 그리스도인이 마땅히 형제를 사랑해야 한다는 것과 함께, 바른 진리를 따르지 않고 예수 그리스도를 부인하는 이들에게는 단호하게 대처하라고 당부합니다. 이는 교회 안에 있는 사람과 밖에 있는 사람들을 구분하라는 뜻은 아닙니다. 교회는 믿는 사람이든, 믿지 않는 사람이든 온 세상 사람을 그리스도의 마음으로 품어 안아야 합니다. 하지만 잘못된 교리로 믿는 자들을 넘어뜨리려 하는 거짓 교사들로부터는 돌아서라고 경고합니다.

한눈에 보기

- 요이 1장 ········ 사랑과 진리의 조화 ········➤ 1장 : 교회를 위한 성령의 권면

65 요한삼서

시작은 **가이오**에 대한 **축복**이며(요삼 1:2), 중간은 으뜸되기를 좋아하는 디오드레베를 조심하라는 이야기이고(요삼 1:9), 끝은 **속히 보기**를 바라는 사도 요한의 소망입니다(요삼 1:14).

말씀

요한삼서 1:2 사랑하는 자여 네 영혼이 잘됨 같이 네가 범사에 잘되고 강건하기를 내가 간구하노라

요한삼서 1:9 내가 두어 자를 교회에 썼으나 그들 중에 으뜸되기를 좋아하는 디오드레베가 우리를 맞아들이지 아니하니

요한삼서 1:14 속히 보기를 바라노니 또한 우리가 대면하여 말하리라

숲보기

〈요한삼서〉는 당시 여러 곳을 옮겨 다니며 복음을 전하는 복음 전도자들에게 집을 공개하고 음식을 제공해 그들이 새 힘을 얻어 다시 복음을 전하도록 도와준 가이오에게 사도 요한이 보낸 감사의 편지입니다. 가이오를 향한 간절한 기도 속에는 그의 영혼이 잘됨 같이 범사가 잘되고 강건해지는 복을 받기를 바라는 요한의 마음이 잘 표현되어 있습니다.

한눈에 보기

• 요삼 1장 .... 사랑과 진리의 조화 ....→ 1장 : 가이오처럼

66 요한계시록

시작은 밧모섬으로 요한을 찾아오신 예수님 이야기이며(계 1:9), **중간은 일곱 인을 떼신 어린양 이야기이고**(계 5:7), **끝은 속히 오리라고 강조해주신 예수님의 약속입니다**(계 22:20).

말씀

요한계시록 1:9 나 요한은 너희 형제요 예수의 환난과 나라와 참음에 동참하는 자라 하나님의 말씀과 예수를 증언하였음으로 말미암아 밧모라 하는 섬에 있었더니

요한계시록 5:7 그 어린 양이 나아와서 보좌에 앉으신 이의 오른손에서 두루마리를 취하시니라

요한계시록 22:20 이것들을 증언하신 이가 이르시되 내가 진실로 속히 오리라 하시거늘 아멘 주 예수여 오시옵소서

숲보기

〈요한계시록〉은 많은 환상으로 가득 차 있는데, 이는 사도 요한이 하나님께서 보여주신 환상을 체험한 후 2천 년 전 초기교회 성도들이 이해할 수 있는 비유와 상징을 가지고 기록했기 때문입니다. 고난의 현장 속에서 신앙을 포기하고 배교의 길로 돌아서는 사람들이 늘어나고 있는 위기의 상황 가운데 〈요한계시록〉의 말씀은 현재의 고난을 인내하며 기다리는 자에게 궁극적인 소망이 있음을 이야기하는 책입니다.

한눈에 보기

- 계 1-22장 ········ 미리 건네받은 승리의 노래 ········➤
  - 1-3장 : 복음 2세대와 일곱 교회
  - 4-7장 : 일곱 인 환상
  - 8-11장 : 일곱 천사의 일곱 나팔
  - 12-15장 : 14만 4천 명의 노래
  - 16-18장 : 큰 성 바벨론의 멸망과 준비된 미래
  - 19-22장 : 만물에 깃든 하나님의 기쁨

결국 성경 66권은 예수 그리스도의 십자가 원 스토리(One Story)입니다.

The Bible; to the cross, from the cross.

성경 66권 시작과 끝 이야기

트랙	성경		시작 이야기	끝 이야기
1. 모세5경	1	창세기		
	2	출애굽기		
	3	레위기		
	4	민수기		
	5	신명기		
	6	여호수아		
	7	사사기		
	8	룻기		
2. 왕정 500년	9	사무엘상		
	10	사무엘하		
	11	열왕기상		
	12	열왕기하		
	13	잠언		
	14	아가		
	15	전도서		
	16	욥기		
	17	시편		
	18	아모스		
	19	호세아		
	20	요나		
	21	이사야		
	22	미가		
	23	스바냐		
	24	하박국		
	25	나훔		
	26	요엘		
	27	예레미야		
	28	예레미야애가		
	29	오바댜		
	30	역대상		
	31	역대하		
3. 페르시아 7권	32	에스겔		
	33	다니엘		
	34	에스라		

	35	학개		
	36	스가랴		
	37	에스더		
	38	느헤미야		
	39	말라기		

4. 중간사 400년	신구약중간사

5. 4복음서	40	마태복음		
	41	마가복음		
	42	누가복음		
	43	요한복음		

6. 사도행전 30년	44	사도행전		
	45	데살로니가전서		
	46	데살로니가후서		
	47	갈라디아서		
	48	고린도전서		
	49	고린도후서		
	50	로마서		
	51	에베소서		
	52	빌립보서		
	53	골로새서		
	54	빌레몬서		
	55	디모데전서		
	56	디도서		
	57	디모데후서		

7. 공동서신 9권	58	히브리서		
	59	야고보서		
	60	베드로전서		
	61	베드로후서		
	62	유다서		
	63	요한일서		
	64	요한이서		
	65	요한삼서		
	66	요한계시록		

하나님, 지혜를 주셔서 성경 각 권 시작과 끝 이야기를 70% 이상 연결할 수 있도록 인도해주십시오.
하나님의 말씀, 성경으로 신앙 부흥을 곱셈하고, 교회 부흥을 곱셈하겠습니다. 아멘.

초급반

2단

통通 7트랙 이야기

Tong Tracks Story

2단 활용법

〈통通구구단 2단〉의 목표는 '익투스-통通 7트랙'을 익히고, 1~7트랙까지 10분씩 이야기하는 것입니다. 물론, 최종 목표는 《통성경 길라잡이》 52과를 10분씩 이야기하는 것입니다.

먼저 성경의 큰 숲과 분위기를 공부하기 위해 물고기 모양(익투스) 위에 '통通 7트랙'을 그려보았습니다. 익투스(ΙΧθΥΣ, 예수스 크리스토스 데오스 휘오스 소테르)는 "예수 그리스도는 하나님의 아들, 구원자이시다."라는 고백의 첫 글자를 딴 글씨입니다. 로마 제국의 박해를 받았던 기독교인들은 상대방이 기독교인인가를 알기 위해 익투스를 상징적으로 생각하며 물고기 그림을 암호처럼 그리면서 서로를 확인했습니다. 익투스가 기독교인들을 확인하며 서로의 고백이 되었듯이, '익투스-통通 7트랙' 그림이 성경 전체를 확인하며 잘 이해할 수 있도록 돕는 유용한 그림이 되면 좋겠습니다.

1년에 봄, 여름, 가을, 겨울이 있고, 각 계절마다 독특한 분위기가 있듯이 성경 7개의 트랙에도 각각 다른 분위기가 있습니다.

먼저 성경은 크게 구약성경 39권과 신약성경 27권으로 나뉩니다. 그리고 구약성경과 신약성경 사이에 '중간사 400년'이 있습니다. 이를 두 개의 큰 우산(키 콘셉트, key concept)으로 보면, 구약성경은 '제사장 나라', 신약성경은 '하나님 나라'입니다. 또한 성경을 역사순으로 7개의 트랙으로 나누면, '모세5경', '왕정 500년', '페르시아 7권', '중간사 400년', '4복음서', '사도행전 30년'. '공동서신 9권'이 됩니다.

구약성경에는 3개의 트랙이 있습니다. 먼저 제사장 나라가 시작하는 '모세5경'으로 시작됩니다. '모세5경' 다음은 제사장 나라를 두고 왕과 선지자들이 대립하고 협력하는 이스라엘 '왕정 500년'입니다. '왕정 500년'은 선지자 사무엘과 첫 번째 왕 사울로 시작됩니다. 그리고 '왕정 500년'은 선지자 예레미야와 마지막 왕 시드기야로 끝이 납니다.

하나님께서는 제국들을 도구로 사용하여 우리에게 하나님의 역사를 알려주셨습니다. 성경에는 5개의 제국이 등장합니다. '왕정 500년'에는 앗수르, 바벨론이 등장하고, 그다음 '페르시아 7권'에는 페르시아가 등장합니다. '페르시아 7권'에서 유대인들은 페르시아 제국의 도움 속에서 제사장 나라를 다시 실현해갑니다. 그 이후부터 신약 시대까지 헬라와 로마 제국이 그 뒤를 잇습니다.

'페르시아 7권'의 마지막 〈말라기〉에서 하나님께서 400여 년간 침묵하신 후, 신약성경 〈마태복음〉이 시작됩니다. 그 기간이 '중간사 400년'입니다.

신약성경 또한 3개의 트랙으로 나뉩니다. 예수님의 복음이 담겨 있는 '4복음서'는 하나님 나라가 시작하는 분위기입니다. 그다음 트랙은 예수님께서 십자가에서 죽으시고 부활, 승천하신 후 대제사장 세력들과 사도들의 대립 속에서 하나님 나라가 땅끝까지 전파되는 이야기, '사도행전 30년'입니다. 이때의 주인공들을 복음 1세대라고 합니다. A.D.64년 로마 대화재 사건을 기점으로 로마 제국의 박해가 시작되고, 복음 1세대 지도자들이 앞으로 하나님 나라를 전파할 복음 2세대에게 격려의 편지들을 보냅니다. 그 편지들이 '공동서신 9권'입니다.

이렇게 성경 전체 이야기를 7개의 통通트랙으로 나누어볼 수 있습니다. 통通7트랙의 각 특징과 분위기를 공부한 다음, 〈통通구구단 1단〉에서 배운 성경 66권을 역사순으로 배열하여 해당하는 트랙에 넣을 수 있도록 합니다. 그리고 한 걸음 더 나아가 7개의 트랙을 각각 10분에 걸쳐 이야기할 수 있도록 외워봅시다. 이야기로 기억하지 않으면, 결국 잊어버립니다. 성경을 풍요롭게 전체를 가지기 위해 7개 트랙 10분 이야기를 꼭 외우도록 합시다.

2단
암기하기

익투스-통通 7트랙

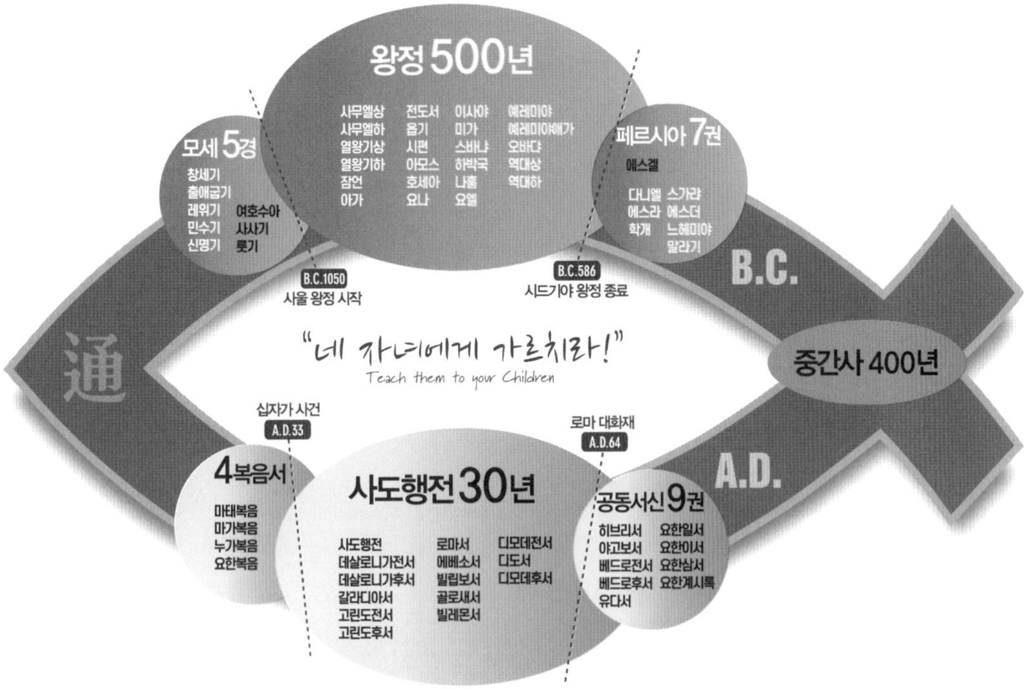

1. 모세5경 - 제사장 나라

2. 왕정 500년 - 제사장 나라와 선지자

   2-1. 선지자 사무엘, 첫 번째 왕 사울

   2-2. 선지자 예레미야, 마지막 왕 시드기야

3. 페르시아 7권 - 제사장 나라와 제국

4. 중간사 400년 - 제사장 나라와 유대 분파

5. 4복음서 - 하나님 나라

   5-1. 십자가 - A.D.33(30)

6. 사도행전 30년 - 하나님 나라와 복음 1세대

   6-1. 로마 대화재 사건 - A.D.64

7. 공동서신 9권 - 하나님 나라와 복음 2세대

1. 모세5경 : 제사장 나라 이해하기

· 모세5경 분위기 - 제사장 나라

'모세5경'은 아브라함에서 시작하여 모세 시대에 형성되는 하나님의 꿈인 '제사장 나라 셋업(setup)' 분위기입니다. 하나님께서는 아브라함의 후손들로 제사장 나라를 세우기 위해 그들을 흉년에 곡식이 풍성한 애굽으로 이주하게 하셨습니다. 그리고 그곳에서 그들을 보호하시며 애굽 사람들이 '히브리 민족'이라 부를 만큼 큰 민족을 이루게 하셨습니다.

"세계가 다 내게 속하였나니 너희가 내 말을 잘 듣고 내 언약을 지키면 너희는 모든 민족 중에서 내 소유가 되겠고 너희가 내게 대하여 제사장 나라가 되며 거룩한 백성이 되리라 너는 이 말을 이스라엘 자손에게 전할지니라"(출 19:5~6).

하나님께서는 '민족'은 있으나 '나라'를 갖지 못한 히브리인들에게 제국주의를 꿈꾸던 애굽의 오만과 억압을 민족적으로 체험하게 하십니다. 그리고 그들에게 제국이 아닌 제사장 나라를 세우도록 하나님과 이스라엘 민족 사이에 언약을 맺으시고 이를 훈련시키십니다.

· 10분에 '모세5경' 이야기

통通 7트랙의 첫 번째 트랙인 '모세5경', 즉 〈창세기, 출애굽기, 레위기, 민수기, 신명기〉, 그리고 큰 틀에서 〈여호수아, 사사기, 룻기〉까지 포함한 분위기는 '아브라함에서 시작하여 모세 시대에 형성되는 하나님의 꿈인 제사장 나라 셋업' 분위기입니다. 다시 말해, 왕이 아닌 제사장 중심으로 세워진 제사장 나라 이야기입니다. 하나님께서는 민족은 있으나 나라를 갖지 못한 히브리인들에게 제국주의를 꿈꾸던 애굽의 오만과 억압을 민족적으로 체험하게 하신 후, 그들에게 제국이 아닌 제사장 나라를 세우도록 하나님과 이스라엘 민족 사이에 언약을 맺으시고 이를 훈련시키셨습니다(출 19:5~6).

〈창세기〉는 역사 이전의 역사인 원역사로 시작됩니다. 원역사는 하나님의 천지창조, 인간의 범죄와 하나님의 용서, 노아 홍수, 바벨탑 사건으로 정리할 수 있습니다. 그 가운데 노아 홍수는 온 우주 만물을 창조하시고, 하나님의 형상을 닮은 인생들을 복주시며 그토록 기뻐하셨던 하나님께서 세상을 죄로 가득하게 만든 인간들로 인해 한탄하시고 근심하심으로 비롯된 사건입니다. 결국, 공의의 하나님께서는 세상을 물로 심판하십니다. 그러나 세상을 다 뒤덮었던 그 많은 빗물은 바로 하나님의 눈물이었습니다. 노아는 하나님의 눈물을 그의 땀으로 닦아냈고, 다시 생육하고 번성하게 되는 복을 받아 하나님 말씀의 성취인 '족보'를 남깁니다. 그리고 하나님의 사람 아브라함이 준비됩니다.

족장사는 '믿음의 조상' 아브라함으로 시작됩니다. 하나님의 뜻은 아브라함을 통해 한 민족을 만드시고, 그 민족을 통해 모든 민족에게 복을 주시는 것이었습니다. 하나님께서는 아브라함에게 자손과 땅을 주겠다고 약속하셨습니다. 아브라함은 100세에 아들 이삭을 얻게 되고, 하나님의 명령인 모리아산 번제의 순종으로 아들 이삭과 함께 '여호와 이레'의 하나님을 체험하고 하나님의 친구가 됩니다. 모리아산의 번제는 2,000년 후 성부 하나님께서 성자 예수님을 십자가에 오르게 하신 '갈보리산 번제'의 큰 밑그림이었습니다.

이삭은 아버지의 믿음과 순종의 삶을 이어받고, 흉년에도 가나안 땅에서 100배의 결실을 거둡니다. 야곱은 형 에서와의 갈등으로 가나안에서 하란으로 도망해 그곳에서 20년을 살면서 열두 아들을 낳습니다. 이후 이들이 이스라엘의 열두 지파가 됩니다. 요셉은 형들의 미움과 시기로 종으로 팔려 먼저 애굽으로 내려갔고, 이는 아브라함의 후손들이 애굽에서 430여 년을 살면서 모든 민족을 위한 한 민족 만들기, 즉 '제사장 나라 거룩한 시민'이 되기 위한 선발대가 됩니다. 그 후 야곱이 흉년에 70명의 가족을 이끌고 입(入)애굽합니다.

〈출애굽기〉는 입애굽이 있었기 때문에 가능했습니다. 입애굽의 지도자가 야곱과 요셉이었다면, 출애굽의 지도자는 모세입니다. 하나님께서는 출애굽을 위해서 모세를 애굽 왕자가 되게 하셨습니다. 모세가 애굽의 왕자가 아니었다면, 바로와 6개월 동안 아홉 번이나 협상 테이블에서 마주 앉는 것은 불가능했을 것입니다. 바로와 모세의 협상은 끝내 결렬되었지만, 히브리 민족은 애굽에서 '첫 번째 유월절'을 지키고 하나님의 기적으로 출애굽합니다. 이스라엘 백성은 시내산에서 1년여 동안 머물면서 금송아지 우상을 만드는 잘못도 하지만, 하나님께서 주신 설계도대로 성막과 대제사장의 옷을 만들고 제사장 제도도 확립합니다.

〈레위기〉는 제사장 나라의 거룩한 시민학교 교과서입니다. 〈레위기〉에는 하나님과 제사장 나라 언약을 맺은 이스라엘 백성이 세 가지 방법으로 다섯 가지 제사를 드리는 법이 기록되어 있습니다. 제사장 나라의 다섯 가지 제사는 죄지은 인간이 공의의 하나님 앞에 나아가 용서를 받을 수 있는 길입니다. 제사를 드리는 세 가지 원칙은 누구든지 '예물'을 가지고, '하나님의 이름을 두려고 택하신 곳'에서, '제사장의 도움'을 받는 것입니다. 또한 〈레위기〉에는 하나님의 미래 경영, 즉 복과 저주의 두 가지 미래가 기록되어 있습니다. 제사장 나라 백성은 하나님께서 주신 율법을 지키면 두 가지 복, 국방과 경제의 복을 받게 되고, 율법을 지키지 않으면 3단계에 걸친 처벌인 '흉년, 수탈, 포로 징계'를 받게 됩니다.

〈민수기〉는 이스라엘의 인구조사를 기록한 책입니다. 첫 번째 인구조사는 출애굽한 사람들의 숫자이며, 두 번째 인구조사는 가나안에 들어갈 사람들의 숫자, 즉 광야 40년 동안 모세에게 제사장 나라 교육을 받은 만나세대의 숫자입니다. 인구조사의 기준은 첫째, '20세 이상 싸움에 나갈 만한 남자들의 숫자'를 계수하는 것이고, 둘째, '이스라엘 장자들의 숫자'와 '레위 지파의 1개월 이상 된 남자들의 숫자'를 계수하는 것입니다. 인구조사의 목적은 군대를 조직하고, 약속의 땅 가나안에 들어가 땅을 분배하기 위함입니다. 그리고 무엇보다 중요한 것은 하나님께 제사를 드리기 위한 제사자의 수와 제사장의 수를 파악하기 위함입니다.

〈신명기〉는 모세가 가나안이 눈앞에 보이는 모압 평지에서 마지막으로 두 달 동안 만나세대에게 남긴 네 편의 역사 특강이자 만나 학교 졸업식 설교입니다. 40년 전 시내산에서 제사장 나라의 꿈이 모세 한 사람의 기쁨이었다면, 〈신명기〉에는 만나세대 60만 명이 제사장 나라의 꿈으로 함께 기뻐하는 모습이 펼쳐집니다.

〈여호수아〉는 만나세대의 5년간의 가나안 정복 전쟁 이야기이고, 〈사사기〉는 약속의 땅 가나안에서 사사들이 다스리던 350년간의 이야기입니다. 그리고 〈룻기〉는 사사 시대의 제사장 나라 교육 성공 사례 이야기입니다.

2. 왕정 500년 : 제사장 나라와 선지자 이해하기

• 왕정 500년 분위기 - 제사장 나라와 선지자

'왕정 500년'은 '제사장 나라를 두고 왕과 선지자들이 대립하고 협력하는' 분위기입니다. 하나님께서는 이스라엘이 왕에 의한 통치가 아닌, 제사장 나라의 사명을 감당하는 민족이 되기를 원하셨습니다. 그런데 이스라엘 백성이 약속의 땅 가나안에 정착해 살면서 다른 나라들처럼 왕이 이스라엘을 통치해줄 것을 요구하고 나선 것입니다. 사무엘상 8장에서 백성들의 왕정 요구로 시작된 '왕정 500년'은 '모세5경'과 분위기가 확연하게 바뀌게 됩니다.

"우리에게 왕을 주어 우리를 다스리게 하라 했을 때에 사무엘이 그것을 기뻐하지 아니하여 여호와께 기도하매 여호와께서 사무엘에게 이르시되 백성이 네게 한 말을 다 들으라 이는 그들이 너를 버림이 아니요 나를 버려 자기들의 왕이 되지 못하게 함이니라"(삼상 8:6~7).

하나님께서는 왕정의 폐해가 어떤 것인지 자세히 설명해주셨지만, 이스라엘 백성은 뜻을 굽히지 않았습니다. 그렇게 '왕정 500년'이 시작됩니다. '왕정 500년'간 하나님께서는 이스라엘이 우상을 섬기고 하나님으로부터 멀어질 때마다 선지자들을 보내셨습니다. 왕과 선지자들은 '제사장 나라'를 두고 대립과 협력의 500년 시기를 보냈습니다.

2-1. 선지자 사무엘, 첫 번째 왕 사울

2-2. 선지자 예레미야, 마지막 왕 시드기야

· 10분에 '왕정 500년' 이야기

통通 7트랙의 두 번째 트랙인 '왕정 500년'은 '제사장 나라를 두고 왕과 선지자들이 대립하고 협력하는' 분위기입니다. '왕정 500년'은 사울 왕에서부터 시드기야 왕까지 약 500년 동안 왕들이 이스라엘을 통치하던 시대의 기록이자, 동시에 그 시대에 활동했던 선지자들의 기록입니다. '왕정 500년'의 성경 기록은 〈사무엘상·하, 열왕기상·하, 잠언, 아가, 전도서, 욥기, 시편, 아모스, 호세아, 요나, 이사야, 미가, 스바냐, 하박국, 나훔, 요엘, 예레미야, 예레미야애가, 오바댜, 역대상·하〉입니다.

모세가 광야 40년 동안 율법을 교육해 '만나세대'를 길러냈다면, 사무엘은 전국을 순회하며 율법을 교육해 '미스바세대'를 길러내 제사장 나라를 꽃피웠습니다. 사무엘 시대의 특징은 첫째, 왕이 없었고 둘째, 국내에 내분이 없었고 셋째, 외적의 침입이 없었다는 것입니다. 그런데 사무엘이 늙자 이스라엘 백성은 제사장 나라의 하나님 통치를 거부하고, 다른 나라들처럼 왕의 통치를 요구합니다. 하나님께서는 사무엘을 통해 '왕정 제도'는 백성들이 '왕의 종'이 되는 제도라고 경고하셨지만, 결국 사울 왕의 즉위와 사무엘의 고별사를 기점으로 왕정 시대가 시작됩니다. 이스라엘의 초대 왕 사울은 처음에는 겸손했지만, 차츰 권력을 사유화하며 제사장 나라에서 멀어져 갔습니다. 사울과 사무엘의 갈등은 '왕정 500년' 동안 왕과 선지자 대립의 시작이 됩니다.

다윗은 세 번의 기름 부음을 받고 통일 왕국 이스라엘의 두 번째 왕이 됩니다. 다윗은 열두 지파를 하나로 묶어내며 수도를 예루살렘으로 옮긴 후 하나님의 궤를 예루살렘으로 옮겨옵니다. 다윗은 권력을 사유화하지 않고 자신의 지위를 하나님의 종으로 정의하며 이스라엘 백성을 주의 백성으로 섬겼습니다. 나라가 평안해지자 다윗은 〈신명기〉 말씀을 기반으로 '움직이는 성막 500년'을 끝내고 '움직이지 않는 예루살렘 성전 1000년' 시대를 열어갈 성전 건축을 소망합니다. 다윗의 소망에 하나님께서는 "네 집과 네 나라가 내 앞에서 영원히 보전되고 네 왕위가 영원히 견고하리라."라는 놀라운 약속을 주십니다. 다윗은 성전 건축을 위한 만반의 준비를 하며 제사장 나라 충성도를 높이고 다윗의 길을 만듭니다. 다윗도 인간이기에 허물이 없을 수는 없었습니다. 다윗이 제사장 나라 법을 어기자 나단 선지자가 하나님의 뜻과 경고의 말씀을 가지고 왕과 대립합니다. 그러자 다윗은 죄로 인해 하나님에게서 멀어지지 않고 오히려 더 가까이 나아가 회개함으로 용서의 은총을 받습니다. 하나님의 종 다윗은 〈시편〉으로 늘 하나님을 찬양하며, 하나님의 율례와 계명과 법도가 입술의 말과 마음의 묵상이 되기를 소망했습니다. 성전 건축을 위한 다윗의 모든 준비 기반 위에 그의 아들 솔로몬이 이스라엘의 왕이 되고 마침내 성전을 건축해 하나님께 봉헌합니다.

솔로몬은 하나님께서 주신 놀라운 지혜로 이스라엘을 부강한 나라로 만듭니다. 솔로몬의 지혜는 예루살렘 성전을 건축한 후 드린 모든 민족을 위한 '성전 낙성식 기도'를 통해 가장 잘 드러납니다. 솔로몬의 성전 낙성식 기도는 레위기 26장에 근거한 성경을 통한 기도로, 이후 다니엘이 바벨론에서 예루살렘 성전을 향해 창문을 열고 기도한 이유가 됩니다. 한편 솔로몬이 통치 후반기에 하나님을 사랑했던 마음을 잃어버리면서 제사장 나라 충성도는 낮아지고 제국에 대한 모방은 높아졌으며, 이는 르호보암 때 이스라엘이 남과 북으로 나뉘는 계기가 됩니다.

솔로몬의 아들 르호보암 때에 이스라엘은 나라가 둘로 나뉘게 되는데, 12지파 가운데 10지파가 '북이스라엘'을 세우고 남은 두 지파인 유다 지파와 베냐민 지파는 '남유다'가 됩니다. 이스라엘은 한 민족 두 국가로 분열되어 200여 년을 보냅니다. 200여 년 동안 북이스라엘은 19명의 왕이 통치했는데 그들은 하나같이 '다윗의 길'이 아닌 '여로보암의 길'로 나아갔습니다. 이때 엘리야 선지자는 북이스라엘이 바알과 아세라 우상으로 가득하자 3년 가뭄과 갈멜산 대결로 아합 왕과 대립하면서 제사장 나라 길로 유턴을 시도합니다. 하나님께서는 계속해서 엘리사, 아모스, 호세아 선지자를 보내셔서 레위기 26장에 기록된 경고와 설득의 메시지를 전하셨습니다. 그리고 앗수르의 큰 성읍 니느웨에는 요나 선지자를 보내셔서 모든 민족을 사랑하시는 하나님의 마음을 전하셨습니다. 요나의 3일 기적 이야기는 이후 예수님의 부활을 예고한 사건이었습니다. 선지자들의 외침에도 불구하고 북이스라엘은 끝내 제사장 나라의 사명을 저버리고 하나님의 말씀을 듣지 않았습니다. 결국, 북이스라엘은 B.C.8세기에 앗수르 제국에 멸망해 혼혈족 사마리아인이 됩니다.

북이스라엘이 앗수르 제국에 멸망한 후, 남유다는 150여 년 동안 나라를 더 유지합니다. B.C.8세기 이사야 선지자는 남유다의 아하스 왕에게 제국과 동맹하지 말고 하나님의 세계 경영을 의지하라고 권고하며 대립했습니다. 하나님께서는 남유다에 이사야 선지자뿐 아니라 미가 등 여러 선지자들을 계속해서 보내시며 그들이 하나님과 맺은 언약을 지키고 제사장 나라의 사명을 감당하기를 원하셨습니다. 그러나 남유다 또한 끝내 하나님의 말씀을 듣지 않았습니다. 결국 남유다도 멸망이 선포되면서 스바냐, 하박국, 나훔, 요엘 선지자가 500년 왕정 평가를 포괄적으로 선언합니다. 이때 예레미야 선지자는 제사장 나라 징계 3단계인 바벨론 포로 70년의 네 가지 의미, 징계, 교육, 안식, 제국 수명을 말하며 새 언약을 예고합니다. 한편 새 언약은 600여 년 후 예수 그리스도의 피로 세운 십자가로 완성됩니다. 그리고 예레미야 선지자는 남유다의 마지막 왕 시드기야에게 바벨론 제국에 저항하지 말고 순순히 항복하고 포로로 끌려가 나무 멍에를 메라고 하나님의 말씀을 전하며 대립했습니다. 오바댜 선지자는 이스라엘이 고통당하는 날, 형제의 환난을 슬퍼하기보다는 오히려 즐거워하고 바벨론을 도운 에돔족의 심판을 선언합니다. 하나님께서 바벨론 포로로 끌려가는 남유다 백성에게 〈열왕기상·하〉를 선물로 주셨다면, 바벨론 포로 징계를 마치고 예루살렘으로 돌아갈 재건세대에게는 하나님의 미래 선물, 〈역대상·하〉를 주십니다.

3. 페르시아 7권 : 제사장 나라와 제국 이해하기

• 페르시아 7권 분위기 – 제사장 나라와 제국

'페르시아 7권'(다니엘, 에스라, 학개, 스가랴, 에스더, 느헤미야, 말라기)은 '페르시아 제국의 도움 속에서 제사장 나라를 실현'해가는 분위기입니다. 페르시아 7권은 바벨론 제국에 의해 멸망한 남유다의 처참한 형편과 이어지는 페르시아 제국의 지배 속에서 쓰인 내용입니다. 바벨론 제국에 의해 예루살렘 성전과 왕궁과 집들이 불에 타 폐허가 되고, 예루살렘성은 바벨론 군인들에 의해 무자비한 약탈을 당했습니다. 그 광경을 보고 예레미야가 간이 땅에 쏟아지는 고통을 느끼며 밤새 울고 또 울었습니다. 그런데 새벽에 예레미야가 다시 하나님의 은혜를 깨닫습니다.

"내 고초와 재난 곧 쑥과 담즙을 기억하소서 내 마음이 그것을 기억하고 내가 낙심이 되오나 이것을 내가 내 마음에 담아 두었더니 그것이 오히려 나의 소망이 되었사옴은 여호와의 인자와 긍휼이 무궁하시므로 우리가 진멸되지 아니함이니이다 이것들이 아침마다 새로우니 주의 성실하심이 크시도소이다"(애 3:19~23).

바벨론으로 끌려간 포로들이 희망이고 소망이라는 사실을 깨달은 것입니다. 그들이 진멸되지 않고 살아남아 있으므로 그들을 통해 다시 제사장 나라를 꿈꿀 수 있기 때문입니다. 예레미야의 이 꿈은 드디어 페르시아 제국 때 에스라, 느헤미야 등을 통해서 현실이 됩니다.

• 10분에 '페르시아 7권' 이야기

통通 7트랙의 세 번째 트랙인 '페르시아 7권'은 남유다 백성이 바벨론 포로로 끌려가 70년을 보낸 후, 페르시아 제국의 통치를 받게 되었을 때 기록된 〈다니엘, 에스라, 학개, 스가랴, 에스더, 느헤미야, 말라기〉입니다. 남유다는 하나님의 뜻을 전한 선지자들의 경고에도 불구하고 끝내 하나님과 맺은 제사장 나라 언약을 저버림으로 예레미야 선지자의 예언대로 바벨론 제국에 멸망해 70년 동안 포로기를 보내야 했습니다. 이때 에스겔 선지자는 바벨론에서 낙심하고 있는 남유다 포로민들에게 하나님의 말씀을 전하며 그들이 왜 끌려와야 했는지 설명하고, 바벨론에서 다른 민족 포로들과는 달리 최선을 다해 제사장 나라 희망을 품고 살아가도록 설득합니다. 그리고 하나님께서 보여주신 '재건될 예루살렘 성전 조감도'를 통해 하나님께서 다시 성전에 계실 것을 선언합니다. 그 사이 다니엘은 바벨론 제국의 이데올로기 교육에 맞서 제사장 나라 율법 교육이 얼마나 월등한지를 드러냅니다. 그리고 예레미야의 편지를 통해 바벨론 포로 기간이 70년이라는 것을 깨닫고 뜻을 정하여 예루살렘을 향해 기도했습니다. 에스겔과 다니엘을 통해서 남유다 백성은 불타버린 예루살렘 성전을 생각하며 회개하고 제사장 나라 재교육을 통해 극상품 무화과 열매로 거듭납니다.

바벨론 제국이 멸망하고 등장한 페르시아 제국은 바벨론 제국의 정책과 달리 포로들을 본국으로 돌려보내며 '지방화 정책'을 시행했습니다. 그리고 유대 민족을 통해 레반트 지역의 경제 활성화를 계획하면서 예루살렘 귀환과 페르시아의 투자 정책이 맞물리게 됩니다. 따라서 '페르시아 7권'은 '페르시아 제국의 도움 속에서 제사장 나라를 실현'해 가는 분위기입니다. 예루살렘으로 귀환한 재건세대는 무너져 내린 이스라엘 신앙 공동체를 다시 세우고 제사장 나라 시스템을 다시 회복하는 중책을 감당합니다. 한편 다니엘은 유대인임에도 불구하고 바벨론에 이어 페르시아 제국에서도 고위 공직자이자 행정가로 쓰임 받습니다. 다니엘은 하나님께서 보여주신 환상을 통해 바벨론, 페르시아, 헬라, 로마 제국 변동의 밑그림을 그리며 영원한 하나님 나라를 예언합니다.

페르시아 제국은 많은 세금을 거두기 위해 모든 식민지에 정치 활동은 금했지만, 종교 활동은 활성화하도록 적극적으로 장려했습니다. 페르시아 제국의 투자 정책으로 유대인들은 바벨론 제국이 탈취해간 예루살렘 성전의 모든 기물을 돌려받고, 성전 건축을 위한 건축비까지 페르시아 제국의 재정으로 지원받을 수 있었습니다. B.C.537년 페르시아 제국의 고레스 왕의 조서 발표를 시작으로 유대인들은 3차에 걸쳐 예루살렘으로 귀환합니다. 1차로 총독 스룹바벨과 49,897명이 성전 기명 5,400개를 가지고 예루살렘으로 귀환합니다. 재건세대는 70년 동안 황폐해 있던 예루살렘을 복구하며 성전 재건을 위해 박차를 가했습니다. 그런데 여러 어려움으로 16년 동안이나 성전 건축이 중단됩니다. 하지만 학개와 스가랴 선지자의 독려로 재건세대는 다시 용기를 내 바벨론 제국이 불태워버린 예루살렘 성전(스룹바벨 성전)을 마침내 재건합니다. 1차 귀환과 2차 귀환 사이에는 80년의 세월이 들어 있습니다. 이때 예루살렘으로 귀환하지 않고 페르시아 제국 전역으로 흩어져 살던 유대인들이 아말렉족 하만의 계략으로 죽을 위기에 처하지만 에스더의 파티를 통해 위기를 극복합니다. 에스더와 유대 민족은 목숨을 건지게 된 그날을 기념하여 '부림절'이라는 명절을 정하고 가난한 이웃들을 돌보는 제사장 나라 거룩한 시민으로 한 걸음 진보합니다.

2차 귀환의 지도자는 당시 페르시아 왕의 자문 학사인 에스라입니다. 에스라가 예루살렘으로 귀환하겠다고 페르시아 왕에게 말하자 페르시아의 왕은 제국의 월등한 인재인 에스라를 예루살렘으로 돌려보내며 레반트 지역의 모든 사법권을 전담하게 하고, 왕이 없는 유대에 자치 지도부로 산헤드린 공회를 만들도록 허락해줍니다. 에스라는 귀환하여 예루살렘을 개혁하며 율법을 연구하고 준행하며 가르치는 일에 자신의 남은 삶을 바칩니다.

2차 귀환이 있은 지 14년 후 3차 귀환이 이루어집니다. 3차 귀환의 지도자는 느헤미야입니다. 느헤미야는 페르시아 제국에서 태어난 유대인이었음에도 항상 예루살렘의 상황에 관심을 가지고 예루살렘을 위해 기도하던 하나님의 사람이었습니다. 느헤미야는 페르시아 제국의 고위 관리가 되고, 페르시아 왕의 신임을 얻어 예루살렘 총독으로 부임하게 됩니다. 느헤미야는 52일 만에 예루살렘 성벽을 재건하고, 성경통독 집회를 개최합니다. 그리고 에스라와 재건세대가 힘을 합하여 하나님의 율법대로 초막절을 지키며 제사장 나라 재건을 이룹니다. 느헤미야는 150여 년 전 예레미야 때 예루살렘을 가득 메웠던 슬픔의 울음소리를 기쁨의 웃음소리로 바꾸며 하나님의 기쁨 이웃의 기쁨을 실현합니다.

느헤미야의 헌신으로 제사장 나라 제사와 절기와 명절이 회복되자 예루살렘은 경제적으로 풍요롭게 되었으며 사회적 안전망이 세워지고, 두로의 상인들까지 들어와 장사하는 번영의 도시가 됩니다. 그러자 페르시아 제국은 예루살렘에서 큰 세금을 거두게 됩니다. 그런데 문제는 예루살렘에 안식일까지도 장사하는 사람들이 생겨난 것입니다. 그러자 느헤미야가 이 문제를 적극적으로 해결하며 개혁합니다. 한편, 재건세대는 더는 우상을 숭배하지는 않았지만, 시간이 지나면서 마음이 빠져버린 형식주의에 물들게 되고 냉소적인 마음으로 제사에 임하게 됩니다. 이때 하나님께서는 말라기 선지자를 통해 제사장 나라를 세우신 이후 1,000년 동안 변함없이 베푸신 사랑 이야기를 말씀하시지만, 후반 재건세대는 하나님께 사랑받은 기억이 없다며 냉소적인 마음을 거침없이 드러냅니다. 결국 하나님께서는 말라기 선지자를 통해 제사장과 백성들의 죄를 지적하시며 '여호와의 날' 전에 엘리야를 보내 아버지 마음을 자녀에게로, 자녀들의 마음을 아버지에게로 돌이키게 하겠다는 약속을 주신 후 400년간 침묵하십니다.

4. 중간사 400년 : 제사장 나라와 유대 분파 이해하기

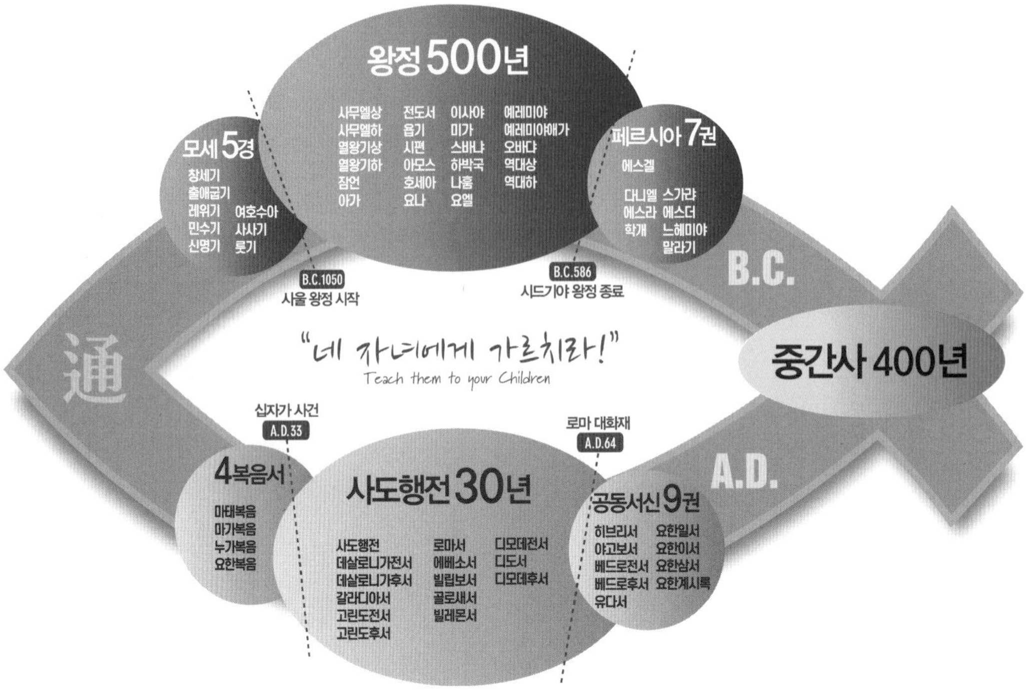

• 중간사 400년 분위기 – 제사장 나라와 유대 분파

'중간사 400년'은 하나님의 침묵 속에 '구약성경의 세계화와 유대 분파가 형성'되는 분위기라고 할 수 있습니다. 중간사 시기는 구약성경의 마지막 책인 〈말라기〉와 신약성경의 첫 번째 책인 〈마태복음〉 사이에 있는 400여 년의 시간입니다.

'중간사 400년' 기간에 히브리어로 된 모세오경이 헬라 제국의 프톨레미 왕조에 의해 당시 세계 공용어인 헬라어로 번역되었습니다. 그리고 헬라 제국의 셀루커스 왕조 때에는 유대 핍박으로 말미암아 유대에 여러 분파(사두개파, 바리새파, 에세네파 등)가 생겨났습니다. 하나님께서는 이 기간을 '예수 그리스도를 이 땅에 보내시기 위한 준비 기간'으로 사용하셨습니다.

• 10분에 '중간사 400년' 이야기

통通 7트랙의 네 번째 트랙인 '중간사 400년'은 〈말라기〉와 〈마태복음〉 사이의 기간으로 페르시아 멸망 이후 헬라, 로마 제국의 흥망성쇠가 들어 있습니다. 이 시기는 하나님의 침묵 속에 '구약성경의 세계화와 유대 분파가 형성'되는 분위기입니다. 하나님께서는 이 기간을 '예수 그리스도를 보내시기 위한 준비 기간'으로 사용하셨습니다.

'중간사 400년'은 크게 네 시기로 정리할 수 있습니다. 첫째, 페르시아 제국이 멸망하고 헬라 제국이 등장한 시기입니다. 520년간 상(上)아시아의 주인이었던 앗수르 제국이 바벨론 제국에게 멸망했고, 바벨론 제국은 예레미야 선지자의 예언대로 70년 만에 페르시아 제국에게 멸망했습니다. 구약성경 39권 가운데 7권(다니엘, 학개, 스가랴, 에스더, 에스라, 느헤미야, 말라기)이 페르시아 제국이 유대를 통치할 때 기록된 책입니다. 그만큼 페르시아 제국과 구약성경은 밀접한 관계가 있습니다. 〈말라기〉에 등장하는 총독도 페르시아 제국이 유대에 파견한 총독입니다. 그런데 〈마태복음〉을 열면 너무나 자연스럽게 로마 제국의 통치를 받는 유대의 모습을 보게 됩니다. 이는 '중간사 400년' 동안 제국 역사에 큰 변동에 있었다는 것을 보여줍니다. 페르시아 제국이 헬라 제국에 멸망하는 제국의 변동 가운데 유대는 페르시아 제국에 이어 헬라 제국의 통치를 받는 식민지가 됩니다.

유대가 페르시아 제국의 통치를 받았을 때에는 종교적 자유를 누리며 세금만 꼬박꼬박 잘 내면 되었습니다. 그런데 헬라 제국의 지배하에 들어가게 되면서 유대 백성이 체감하게 된 가장 큰 변화는 헬라 제국에 세금을 내야 하는 것 외에, 헬라 사상인 헬레니즘을 강요받게 되었다는 것입니다. 헬레니즘은 그리스의 문화와 오리엔트 문화를 접목한 것으로 유대의 헤브라이즘과 맞서는 서양의 양대 사상 가운데 하나입니다. 이는 유일신을 믿는 헤브라이즘의 나라 유대와 헬라화를 강조하는 헬라 제국과의 충돌이 불가피해졌음을 의미합니다.

둘째, 헬라 제국의 유대 통치 전반기입니다. 드넓은 헬라 제국은 알렉산더의 갑작스러운 죽음으로 네 명의 장수에 의해 분할 통치됩니다. 이때 유대를 먼저 통치하게 된 나라가 이집트 헬라 제국의 프톨레미 왕조입니다. 프톨레미 왕조는 122년간 유대를 통치하며 유대인들이 종교적 신념과 관습을 지킬 수 있도록 관대한 정책을 펼쳤기에 이 시기에 유대는 평화와 안정을 누렸습니다. 프톨레미 2세는 알렉산드리아 도서관의 관장인 데메트리우스 파레리우스와 대화를 나누던 중 도서관 장서를 50만 권까지 확대하기로 결정하면서 유대의 모세오경을 히브리어에서 헬라어로 번역해 알렉산드리아 도서관에 소장하기로 합니다. 이 일은 모세오경이 세계화되는 역사적인 계기가 됩니다.

셋째, 헬라 제국의 유대 통치 후반기입니다. 122년간 이집트 헬라 제국의 통치를 받던 유대는 시리아 헬라 제국의 셀루커스 왕조의 지배로 넘어갑니다. 시리아 헬라 제국은 미리 유대 지도부와 약속한 대로 유대에 3년간 세금을 면제해줍니다. 그런데 시리아 헬라 제국이 신생 국가인 로마와 전쟁을 시작하면서 분위기가 180도 바뀌게 됩니다. 전쟁에서 패배한 시리아 헬라 제국은 로마에 어마어마한 배상금을 물어주어야 했습니다. 그러자 시리아 헬라 제국은 그들이 다스리는 모든 식민지로부터 무리하게 세금을 거두었고, 심지어 예루살렘 성전의 헌금까지도 탈취했습니다. 그리고 로마에 대한 분풀이로 유대에 강력한 헬라화를 강요하며 예루살렘 성전을 모독했습니다. 예루살렘 성전 안에 제우스 신상을 세워놓고 우상에 절하게 하고 성전 안을 돼지 피로 물들이는가 하면, 할례를 금지하고 제사장들을 죽이며 안식일과 율법도 지키지 못하게 했습니다. 그러자 유대에서는 시리아 헬라 제국에 대항하는 '마카비 혁명'이 일어납니다. 시리아 헬라 제국은 유대에 정규군을 보내 마카비 혁명을 제압하려 했으나 유대는 게릴라전으로 끝까지 저항해 마침내 유대 땅에서 시리아 헬라 제국을 몰아냅니다. 이때 예루살렘 성전을 청결하게 한 후, 이날을 기념하여 만든 명절이 '수전절'입니다. 마카비 혁명 이후 혁명 세력들이 뜻을 달리하면서 유대는 사두개파, 바리새파, 에세네파로 나누어집니다.

마카비 혁명을 성공시킨 하스몬 가문은 '하스몬 왕조'를 세워 80여 년 동안 유대를 통치합니다. 그런데 하스몬 왕조는 대제사장이 왕을 겸직하므로 제사장 나라 법을 어깁니다. 여기에 한 걸음 더 나아가 하스몬 왕조의 알렉산데스 야나이우스 왕이 대제사장을 겸직하면서 과부가 된 형수와 결혼하는 사건이 발생합니다. 유대 백성의 반발에도 불구하고 알렉산데스 야나이우스는 왕과 대제사장 어느 것도 포기하지 않고 결혼식을 진행했고, 결혼식에 올리브 가지를 던지며 반대를 표한 바리새파 사람들 800여 명을 십자가에 매달아 죽이기까지 했습니다. 결국 이 문제로 인해 제사장들이 주축이 되는 종교 귀족들인 사두개파와 경건한 평신도 대표들이라 할 수 있는 바리새파가 더욱 극명하게 대립합니다. 사두개파, 바리새파, 에세네파는 로마 제국의 통치하에서도 그대로 계속

되는데 여기에 로마에 저항하는 젤롯당까지 출현하게 됩니다.

넷째, 헬라 제국이 멸망하고, 로마 제국이 등장한 시기입니다. 하스몬 왕조를 세워 80년간 독립을 유지하던 유대는 내분이 생기면서 결국 로마 제국의 식민지가 됩니다. 그런데 로마 제국은 마카비 혁명을 일으켰던 유대의 역사를 교훈 삼아 예루살렘 성전에 대해 조심스러운 태도를 취했습니다. 로마는 에돔족인 헤롯 가문을 유대의 분봉 왕으로 삼아 예루살렘 성전을 재건축하게 함으로 성전을 로마의 통치 도구로 전락시킵니다. 또한 유대로부터 세금은 거두어가되 예루살렘 성전은 존중한다는 표시로 로마 총독과 군단은 가이사랴에 주둔시켰으며 유대의 자치 지도부인 산헤드린 공회도 이전 제국들처럼 존중해주었습니다. 이렇게 유대가 로마의 식민지가 되고, 로마의 초대 황제 아우구스투스가 로마 제국 전역으로부터 세금을 철저히 거두기 위해 호적을 명령할 때 예수님께서 천사들과 목자들의 기쁨 속에 베들레헴에서 탄생하십니다.

5. 4복음서 : 하나님 나라 이해하기

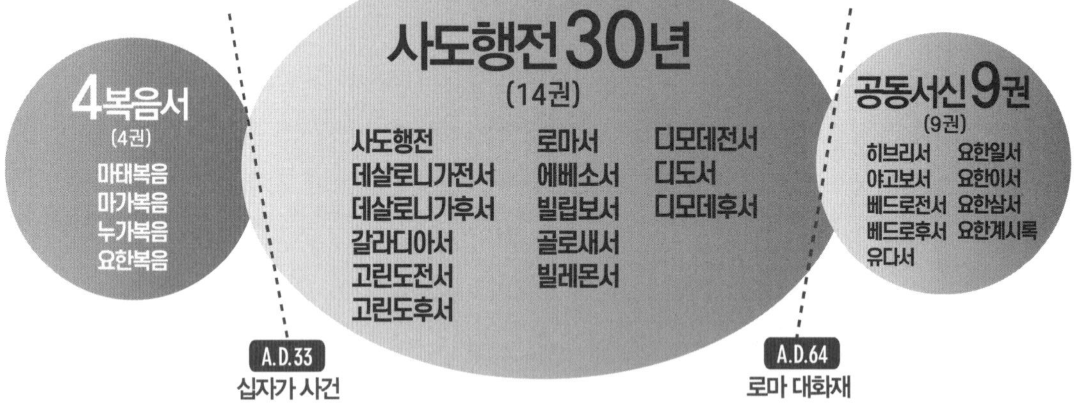

· 4복음서 분위기 - 하나님 나라

'4복음서'는 세례 요한으로 시작하여 예수님이 완성하신 '하나님 나라 셋업(setup)' 분위기입니다. 예수님의 길을 예비하기 위해 등장한 세례 요한이 하나님 나라를 소개했고, 예수 그리스도께서는 본격적으로 하나님 나라를 실천과 비유를 통해서 자세히 가르쳐주셨습니다.

"요한이 잡힌 후 예수께서 갈릴리에 오셔서 하나님의 복음을 전파하여 이르시되 때가 찼고 하나님의 나라가 가까이 왔으니 회개하고 복음을 믿으라 하시더라"(막 1:14~15).

예수님께서는 농부들에게는 씨 뿌리는 비유로, 어부들에게는 그물 비유로, 주부들에게는 누룩 비유로, 장사하는 사람들에게는 진주 비유를 들어 누구나 쉽게 하나님 나라를 알 수 있게 가르쳐주셨습니다. 모든 제국은 하나같이 "제국이여 영원하라."를 외쳤습니다. 그러나 모든 제국은 결국 다 망했습니다. 그러나 하나님 나라는 영원하며 우리의 소망은 하나님 나라에 있습니다.

5-1. 십자가 - A.D.33(30)

• 10분에 '4복음서' 이야기

통通 7트랙의 다섯 번째 트랙인 '4복음서'는 예수님에 관한 네 권의 기록인 〈마태복음, 마가복음, 누가복음, 요한복음〉입니다. 예수님께서 행하신 일을 낱낱이 기록하려면 이 세상이라도 기록된 책을 두기에 부족할 것이라고 말한 사도 요한의 말처럼 '4복음서'의 이야기는 참으로 깊고 풍성합니다. 그 많은 이야기를 한마디로 압축한다면, 세례 요한으로 시작하여 예수님이 완성하신 '하나님 나라 셋업' 분위기입니다. 예수님의 길을 예비하기 위해 등장한 세례 요한이 하나님 나라를 소개했고, 예수님께서는 본격적으로 하나님 나라를 실천과 비유를 통해 자세히 가르쳐주셨습니다. '4복음서'를 '기쁨을 위한 탄생, 한 영혼 사랑, 용서를 향한 열정, 영광과 평화로의 초대', 이렇게 크게 네 가지로 묶어서 이야기하겠습니다.

첫째, '기쁨을 위한 탄생' 이야기와 함께 예수님의 공생애가 시작됩니다. 미가 선지자의 예언대로 예수님께서는 베들레헴에서 태어나신 후 헤롯을 피해 애굽으로 잠시 내려가셨다가 갈릴리 나사렛에서 지내셨습니다. 예수님께서는 공생애를 시작하시기 전 요단강에서 세례 요한에게 세례를 받으셨는데, 이때 세례 요한은 예수님을 "세상 죄를 지고 가는 하나님의 어린양"이라고 사람들에게 소개했습니다. 이는 출애굽 때 '유월절 어린양'이 이스라엘 장자들의 생명을 구했듯이, 하나님의 어린양이신 예수님께서 온 인류를 구원할 것을 예언한 것입니다. 예수님께서 세례를 받으시고 물 위로 올라오실 때 하나님께서는 하늘문을 여시고 "이는 내 사랑하는 아들이요 내 기뻐하는 자"라고 '하나님의 아들'이신 '예수님의 신분'을 직접 말씀하셨습니다. 예수님께서는 본격적인 공생애를 시작하시기 전 성령에 이끌리어 광야로 나가 40일을 금식하며 기도하셨습니다. 예수님께서는 기도를 마치실 즈음 사탄에게 세 번 시험을 받으셨는데, 세 번의 시험을 모두 '기록된 구약의 말씀'으로 이기셨습니다. 이후 예수님께서는 3년간 동역할 열두 제자를 택하시고 그들과 동지, 동행, 동역하며 하나님 나라를 전파하셨습니다.

둘째, '한 영혼 사랑' 이야기입니다. 예수님께서는 공생애 3년 동안 하나님 사랑을 말씀하시며 많은 기적을 행하시는 가운데 한 영혼의 가치를 천하보다 귀하게 여기셨습니다. 예수님께서는 먹이시고, 고치시고, 가르치시고, 용서하시고, 기도하시는 실천으로 '한 영혼 사랑'을 이루셨습니다. 이에 마가는 예수님에 대해 "식사하실 겨를도 없이 바쁘셨다."라고 기록했습니다. 어느 날 예수님께서는 온종일 하나님 나라를 가르치신 후,

밤에 제자들에게 노를 저어 갈릴리 호수 건너편으로 가자고 하셨습니다. 그런데 풍랑이 심하게 일어 배가 뒤집힐 정도였음에도 지치고 피곤하신 예수님께서는 깊은 잠에서 깨어나지 못하셨습니다. 예수님께서 그렇게 피곤하신 몸을 이끌고 그 밤에 제자들과 함께 풍랑 이는 갈릴리 호수를 건너가 만나신 사람은 바로 무덤가에서 지내고 있던 거라사 광인 '한 사람'이었습니다. 예수님의 공생애 3년이 그토록 아름답고 감동적인 이유는 예수님께서 사람들을 사랑하시느라 피곤하기까지 한 삶을 사셨기 때문입니다. 한 영혼을 사랑하시는 예수님께서는 '사마리아인과 세리의 친구'가 되어주셨습니다. 예수님께서 베들레헴에 태어나시기 800여 년 전 북이스라엘이 앗수르 제국에게 멸망해 혼혈족 사마리아인이 되었을 때 하나님께서는 북이스라엘을 처벌하시는 중에도 호세아 선지자를 통해 하나님의 긍휼을 말씀하셨습니다. 하나님의 그 사랑과 긍휼은 예수님을 통한 사마리아의 회복으로 성취됩니다. 그리고 예수님께서는 로마 제국의 정책에 따라 세리가 된 사람들, 천대받던 창기들의 친구가 되셔서 그들의 비빌 언덕이 되어주셨습니다.

셋째, '용서를 향한 열정' 이야기입니다. 예수님의 마지막 사역은 유월절을 중심으로 예루살렘에서 일주일 안에 모두 이루어졌습니다. 모든 인생의 죄를 용서하시기 위해 십자가를 향한 열정을 모두 쏟아놓으신 일주일이었습니다. 예수님께서는 400여 년 전 스가랴 선지자가 예언한 대로 새끼 나귀를 타시고 예루살렘에 입성하셨습니다. 그리고 예루살렘 성전에 가셔서 이방인의 뜰과 관련해 잘못된 문제를 바로잡으시고 성전을 청결하게 하셨습니다. 또한 성전에서 가르치시고, 종교 지도자들과 논쟁하시고, 제자들에게 종말과 예루살렘의 멸망과 재림에 대해 말씀하시며 마지막 일주일을 보내셨습니다. 이때 예수님께서 제자들과 함께 1,500년 된 유월절을 마지막으로 지키시고 첫 번째 성찬식으로 바꾸시면서 '새 언약'을 주셨습니다. 그 이후로는 유월절이 아니라 "나를 기념하라" 하신 예수님을 기념하게 됩니다. 그 밤에 예수님께서는 감람산에 가셔서 기도하시던 중 산헤드린 공회 사람들에게 체포되셔서 밤이 새도록 산헤드린 공회 재판을 받으셨습니다. 이어서 빌라도 재판까지 받으신 예수님께서는 로마의 형틀이자 하늘 성소인 십자가에 달리셨고, 예수님께서 십자가에서 "다 이루었다."라고 선언하시는 그 순간, 성전 휘장이 위에서 아래로 찢어졌습니다. 이는 예수님께서 율법과 선지서의 완성으로 단번 제사를 드리시고 우리를 위한 새로운 살길의 휘장이 되심으로 하나님 나라 복음을 완성하신 것입니다. 이로써 1,500년의 제사장 나라가 하나님 나라로 수렴됩니다.

넷째, '영광과 평화로의 초대', 십자가 승리 이야기입니다. 산헤드린 공회는 유대인들에게 예수님을 '신성모독자, 성전 모독자, 자칭 유대인의 왕, 부활을 속이는 자'라고 알렸습니다. 그러나 십자가 죽음 후 3일에 부활하신 예수님께서는 '하나님의 아들이자, 성전의 주인이며, 만왕의 왕이며, 부활의 첫 열매'로 승리하신 분입니다. 예수님의 부활은 모든 인생의 부활의 첫 열매가 되시는 위대한 실재적 사건입니다. 또한 예수님의 부활은 우리가 노래해야 할 진정한 승리, 가장 영원한 승리입니다. 마지막으로 예수님께서는 제자들에게 나타나셔서 하나님 나라에 대한 믿음을 굳건하게 해주시며, 모든 민족에게 전할 지상명령을 말씀하시고 다시 오실 것을 약속하시며 승천하셨습니다. 그 후로 제자들은 예수님의 십자가와 부활의 증인이 되어 하나님 나라의 일을 감당합니다.

구약성경 39권은 '예수님의 십자가로 가는 이야기(to the Cross)'이고, 신약성경 〈사도행전〉부터 〈요한계시록〉까지는 '예수님의 십자가로부터 나온 이야기(from the Cross)입니다.

6. 사도행전 30년 : 하나님 나라와 복음 1세대 이해하기

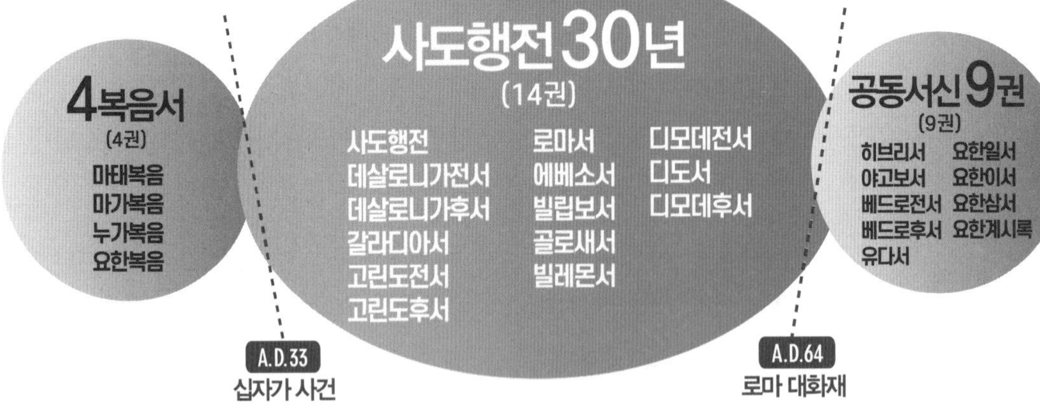

• 사도행전 30년 분위기 – 하나님 나라와 복음 1세대

'사도행전 30년'은 '대제사장들과 사도들의 대립 속에서 하나님 나라가 땅끝까지 전파'되는 분위기입니다. 신약 시대, 로마 제국의 속국이었음에도 불구하고 유대 예루살렘의 대제사장 세력, 곧 산헤드린 공회 세력은 로마 황제나 로마 총독, 그리고 심지어 분봉왕 헤롯까지지도 무시할 수 없는 존재였습니다. 그런 그들이 나서서 로마를 이용해 예수님을 십자가에서 죽게 했습니다. 그런데 얼마간의 시간이 흐른 뒤 예수님의 제자들이 사도가 되어 오히려 전보다 더 열심히 하나님 나라를 전하기 시작한 것입니다.

"대제사장의 문중이 다 참여하여 사도들을 가운데 세우고 묻되 너희가 무슨 권세와 누구의 이름으로 이 일을 행하였느냐 이에 베드로가 성령이 충만하여 이르되 백성의 관리들과 장로들아 만일 병자에게 행한 착한 일에 대하여 이 사람이 어떻게 구원을 받았느냐고 오늘 우리에게 질문한다면 너희와 모든 이스라엘 백성들은 알라 너희가 십자가에 못 박고 하나님이 죽은 자 가운데서 살리신 나사렛 예수 그리스도의 이름으로 이 사람이 건강하게 되어 너희 앞에 섰느니라"(행 4:6~10).

이렇게 사도행전 4장을 기점으로 사도들이 대제사장 세력들과 각을 세우며 하나님 나라의 복음을 전파하게 됩니다. '4복음서'의 분위기와는 다른 역동적인 공기가 생성되고 있습니다.

6-1. 로마 대화재 사건 – A.D.64

• 10분에 '사도행전 30년' 이야기

통通 7트랙의 여섯 번째 트랙인 '사도행전 30년'은 예수님의 십자가 사건 이후부터 A.D.64년 로마 대화재 사건까지를 기점으로, '대제사장과 사도들의 대립 속에서 하나님 나라가 땅끝까지 전파'되는 분위기입니다. 예수님께서 승천하신 후 오순절이 되자 성령께서 마가의 다락방에 모여 있던 120명에게 임하셨습니다. 이들은 예루살렘 시내로 나가 각 나라 언어로 담대히 '하나님의 큰일'을 전하며 제자 시대를 엽니다. 베드로가 예수님의 십자가와 부활을 증거하자 하루에 3천 명이 말씀을 듣고 회개하는 놀라운 역사가 일어나기 시작했습니다. 그리고 베드로와 요한은 예루살렘 성전 미문에서 구걸하던 사람을 '나사렛 예수의 이름'으로 고쳐주는 기적도 일으켰습니다. 그러자 지난 유월절에 예수님을 십자가에 처형한 산헤드린 공회가 다시 긴장하기 시작하며 베드로와 요한을 체포해 2차 산헤드린 공회를 엽니다. 이때 베드로가 나면서부터 걷지 못했던 그 사람이 나사렛 예수의 이름으로 고침을 받아 재판정에 증인으로 서 있게 된 것을 말하며 모든 이스라엘 백성이 예수님의 십자가와 부활을 알아야 한다고 담대하게 주장했습니다. 산헤드린 공회는 그들의 의도대로 재판을 이끌어갈 수 없자 '더는 예수의 이름으로 말하지도 말고 가르치지도 말라'는 위협과 경고를 한 후 그들을 석방합니다.

그런데도 사도들이 더 담대히 예수님의 십자가와 부활을 전하자 대제사장과 사두개인의 당파가 다 마음에 시기가 가득하여 사도들을 다시 체포해 3차 산헤드린 공회 재판을 엽니다. 이때 율법 학자 바리새인 가말리엘이 나서주지 않았다면 그들은 모두 목숨을 잃었을지도 모릅니다. 결국 산헤드린 공회는 사도들을 채찍질하며 예수의 이름으로 말하는 것을 금하고 이번에도 석방합니다. 그런데 성령이 충만한 예루살렘 교회에 먹는 문제로 시험에 드는 일이 발생합니다. 사도들은 이 문제를 해결하기 위해 일곱 명의 월등한 평신도 지도자를 세워 그들이 교회 안에서 음식 먹는 문제뿐만 아니라 성도들을 돌보는 일에 탁월한 재능을 발휘하도록 이끌었습니다. 그러자 산헤드린 공회는 예루살렘 교회를 뿌리부터 흔들기 위해 스데반을 본보기로 체포해 4차 산헤드린 공회를 엽니다. 이때 스데반은 '아브라함으로 시작하여 성막과 성전 이야기를 통해 예수 십자가의 단번 제사'를 증언했습니다. 스데반의 실력을 감당하지 못한 산헤드린 공회는 더 이상 스데반을 살려둘 수 없다고 판단해 돌로 즉결 처형을 했습니다. 스데반의 순교를 시작으로 교회에 대한 대대적인 박해가 시작되면서 사도들만 남고 모두 흩어지게 됩니다.

스데반이 순교할 당시 증인들의 옷을 지키고 있던 사울은 '다메섹 그 순간'의 체험으로 한순간에 초기교회 박해자에서 이방인의 사도가 됩니다. 한편, 베드로는 로마 백부장 고넬료를 통해 선민과 이방인을 구분했던 편견이 깨지면서 비로소 '복음, 모든 민족과 함께'의 의미를 깨닫습니다. 이는 이후 예루살렘 공회의 중요한 결정을 이끄는 핵심 토대가 됩니다. 스데반 순교 후, 빌립은 사마리아에 복음을 전하고 흩어진 성도들에 의해 안디옥에 교회가 세워지는 등 복음이 예루살렘과 온 유대와 사마리아와 땅끝으로 퍼지기 시작했습니다. 사도들은 안디옥 교회에 바나바를 파송하고, 바나바는 바울과 동행해 1년 동안 안디옥 교회를 든든히 세운 후 2년에 걸쳐 소아시아 지역에 복음을 전했습니다. 그런데 그 사이 안디옥 교회는 예수를 믿는 믿음으로만 구원받는 것이 아니라, 율법도 지키고 할례도 받아야 한다고 전한 유대인들의 말로 인해 감당할 수 없는 문제에 직면하게 됩니다. 이 문제를 해결하기 위해 바나나와 바울은 예루살렘으로 가서 사도들과 함께 '예루살렘 공회'를 열어 구원은 오직 예수 그리스도의 십자가와 부활을 믿는 믿음으로 이루어짐을 결의합니다. 더 나아가 예루살렘 공회는 바울도 바나바와 같은 사랑받는 형제로 결의하면서 바울이 복음 전도자로서 마음껏 사역할 수 있도록 길을 열어줍니다.

한편, 바나바와 바울은 마가 문제로 따로 전도팀을 이끌게 되어 바울은 실라와 함께 2차 전도여행을 떠났고 이때 바울은 디모데와 누가를 전도팀에 합류시키며 소아시아를 넘어 유럽까지 복음을 전했습니다. 바울은 고린도에서 복음을 전하던 중에 〈데살로니가전서, 데살로니가후서, 갈라디아서〉를 써 보냈고, 이후 3차 전도여행을 떠나 에베소의 두란노 서원에서 2년간 제자들을 길러내며 〈고린도전서, 고린도후서〉를 써 보냈습니다. 그리고 바울은 고린도에서 〈로마서〉를 쓰고 로마를 거쳐 땅끝인 스페인까지 복음을 전하기 위한 소망을 굳건히 하고 마지막으로 예루살렘 방문을 계획합니다.

바울은 자기 목숨을 해하려는 자들이 있다는 것을 알면서도 위험을 무릅쓰고 예루살렘에 도착해 모금한 헌금을 예루살렘 교회에 전달합니다. 그리고 예루살렘 공회의 당부대로 네 명의 디아스포라 유대인 서원자들과 함께 유대 민족의 정결예식인 결례를 행하기 위해 예루살렘 성전에 갔다가 서원자들을 이방인으로 여긴 유대교 유대인들에게 잡혀 죽을 위기에 처합니다. 그런데 오히려 바울은 로마 천부장의 협조로 5차 산헤드린 공회를 열어 공회원들에게 마지막 설득을 시도합니다. 그러나 산헤드린 공회의 위협이 거칠어지자 바울은 의도적으로 '부활 신앙'을 고백함으로 사두개파와 바리새파를 분열시켜 그곳을 빠져나와 로마 천부장의 보호 속에 가이사랴로 이송되고, 다음 날 로마 총독 벨릭스의 재판을 받고 2년간 구금됩니다. 이후 바울은 새로 부임한 로마 총독 베스도의 재판을 받던 중, 산헤드린 공회의 계속된 살해 위협을 피하려고 결국 로마 시민권을 이용해 로마 황제 재판을 요구하며 죄수 이송선을 타고 로마에 도착합니다. 바울은 로마 감옥에서 황제 재판을 기다리는 2년 동안 하나님 나라 복음을 전하며 옥중서신 〈에베소서, 골로새서, 빌립보서, 빌레몬서〉를 써 보냅니다. 그리고 2년 만에 잠시 자유의 몸이 된 바울은 또다시 전도여행을 계획합니다. 이즈음 기록한 편지가 목회서신이라 불리는 〈디모데전서〉와 〈디도서〉이다. 그런데 A.D.64년 로마 대화재 사건이 발생하고 방화범으로 기독교 복음 1세대 지도자 200여 명이 지목되어 잔인하게 처형되자 바울은 자신의 죽음이 임박했음을 알고 믿음의 아들 디모데에게 유언과 같은 〈디모데후서〉를 써 보냅니다.

7. 공동서신 9권 : 하나님 나라와 복음 2세대 이해하기

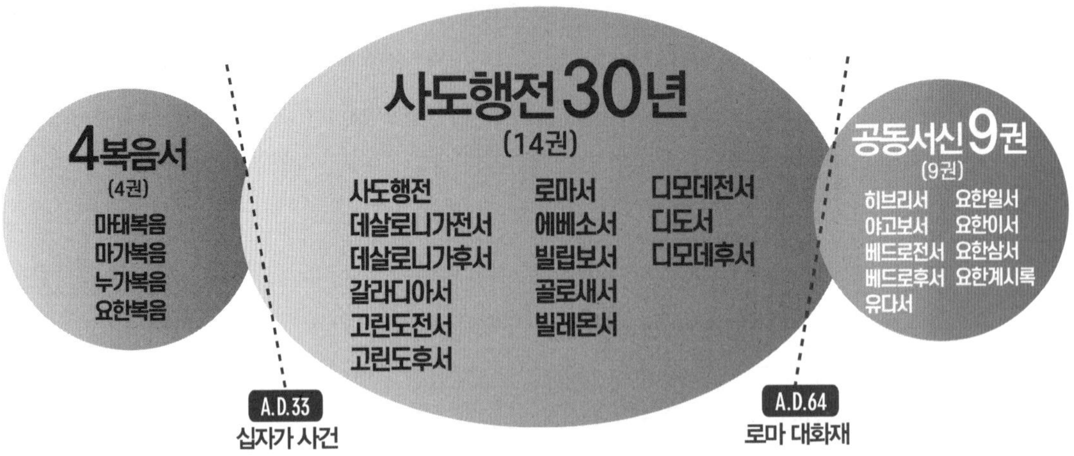

• 공동서신 9권 분위기 – 하나님 나라와 복음 2세대

'공동서신 9권'(히브리서, 야고보서, 베드로전·후서, 유다서, 요한일·이·삼서, 요한계시록)은 '로마 제국의 박해 속에서 하나님 나라를 실현'해가는 분위기입니다. '사도행전 30년'의 기간 동안 기독교는 주로 유대교에 의한 기독교 전도 방해, 즉 유대교와 기독교의 대립이 주된 어려움이었습니다. 그러나 A.D.64년 로마 대화재 사건을 계기로 기독교는 유대교를 넘어 이제 로마 제국으로부터 박해를 받기 시작합니다. 로마가 대화재 사건의 방화범으로 기독교인들을 지목했기 때문입니다. 바로 이때 바울이 로마 감옥에서 디모데에게 편지를 보내는 시점으로부터 또 다른 분위기가 시작됩니다.

"내가 벌써 부어지고 나의 떠날 시각이 가까웠도다 나는 선한 싸움을 싸우고 나의 달려갈 길을 마치고 믿음을 지켰으니 이제 후로는 나를 위하여 의의 면류관이 예비되었으므로 주 곧 의로우신 재판장이 그 날에 내게 주실 것이며 내게만 아니라 주의 나타나심을 사모하는 모든 자에게도니라"(딤후 4:6~8).

바울을 비롯해 복음 1세대 지도자들은 오히려 더욱 힘내서 로마 제국의 박해와 영지주의를 비롯한 이단 사상들과의 선한 싸움에서 승리를 이끌어내게 하는 원동력을 만듭니다. 결국 A.D.313년, 기독교는 250여 년간의 로마 제국의 박해를 이겨내고 마침내 승리하게 됩니다.

· 10분에 '공동서신 9권' 이야기

통通 7트랙의 일곱 번째 트랙인 '공동서신 9권'은 복음 1세대 지도자들이 로마 제국의 지독한 박해와 이단의 출현으로 큰 어려움에 부닥치게 된 복음 2세대의 믿음을 굳게 하려고 써 보낸 복음 편지입니다. 즉 유대교 유대인들이 기독교에 대해 복음 전파를 방해한 기간이 '사도행전 30년'이었다면, '공동서신 9권'은 A.D.64년 로마 대화재 사건을 기점으로 기독교가 유대교 유대인들의 방해와 함께 이제 로마 제국의 박해까지 견뎌야 하는 시기에 쓴 편지입니다. '공동서신 9권'은 〈히브리서, 야고보서, 베드로전·후서, 유다서, 요한일·이·삼서, 요한계시록〉이며, '로마 제국의 박해 속에서 하나님 나라를 실현'해가는 분위기입니다. 바울을 비롯해 복음 1세대 지도자들은 오히려 더욱 힘내서 로마 제국의 박해와 영지주의를 비롯한 이단 사상들과의 선한 싸움에서 승리를 이끌어내게 하는 원동력을 만들었으며, 결국 A.D.313년 기독교는 250여 년간의 로마 박해를 이겨내고 마침내 승리합니다.

당시 기독교는 모임조차 제대로 할 수 없어 카타콤과 같은 지하 무덤에서 물고기 모양으로 서로가 그리스도인임을 확인하고 겨우 모이는 정도였습니다. 이런 상황에서 기독교를 배교하는 자들, 유대교로 돌아가려는 자들, 이단 사상에 빠진 자들이 늘어나자 복음 1세대 지도자들은 순교를 목전에 두고도 편지로 그들을 가르치고 위로하고 격려했습니다. 그러므로 '공동서신 9권'은 말 그대로 '선한 싸움을 위한 편지'입니다.

〈히브리서〉 기자는 진정한 것을 찾았다가 외부적인 어려움과 위험 때문에 다시 과거로 돌아가려는 어리석음을 경계시키고, 예수 그리스도를 믿는 믿음을 더욱 굳게 하고자 유대교와 기독교를 비교해서 가르침으로 진정한 복음이 무엇인지 명확하게 설명합니다. 히브리서 기자는 구약의 '율법과 선지자'가 바로 예수 그리스도이며, 하나님께서 세우신 '최후의 대제사장'이라고 소개합니다. 즉 예수님은 아론으로부터 시작해 예수님 당시의 대제사장들처럼 약점을 가진 제사장이 아니라, 멜기세덱의 반차로 죄에서 떠나 계신 하늘보다 높으신 대제사장이시라는 것입니다. 진정한 대제사장이신 예수님께서는 하나님의 어린양으로 친히 제물이 되셔서 손으로 짓지 아니한 십자가 하늘 성소에서 단번의 제사를 이루셨습니다. 이로써 예수님께서 우리를 위한 새로운 살길의 휘장이 되셔서 창세전 하나님의 구원 계획을 이루셨음을 알게 됩니다.

〈야고보서〉는 구약의 〈잠언〉과 같은 글로 야고보 사도의 편지입니다. 야고보는 예수님의 형제이며 예루살렘 공회 의장으로서 이방인 구원 문제와 관련하여 오직 예수 그리스도의 십자가로 충분하다는 중대 결정을 이끌었습니다. 그는 로마 제국 전역에 흩어져 살며 박해를 받고 시험을 당하고 있는 성도들에게 고난을 오히려 기쁘게 여기라고 말하며 믿음과 더불어 행함의 중요성을 강조합니다. 한편, 기독교 박해가 더욱 잔인하고 가혹해지는 상황 속에서 사도 베드로가 믿음으로 고난과 핍박을 견디고 있는 성도들, 즉 '예수를 보지 못하였으나 예수를 믿고 사랑하는 복음 2세대'에게 용기를 주고 격려하기 위해 쓴 편지가 〈베드로전·후서〉입니다. 베드로는 성도들의 신앙을 흔드는 거짓 교훈을 경계할 것을 당부하며 '성경을 억지로 풀거나 성경의 예언을 사사로이 풀지 말라'고 가르쳤습니다. 그리고 하나님의 날이 임하기를 믿음으로 바라보고 간절히 사모하라고 전합니다. 〈유다서〉는 야고보와 함께 예수님의 육신의 동생인 사도 유다가 자신을 '예수 그리스도의 종'이라고 소개하며 쓴 복음 편지입니다. 유다는 교회가 박해를 받고 성도들 가운데 배교하는 이들이 생기는 어려운 시기에 더욱 믿음을 지키고 악한 세력과 힘써 싸우라고 권면하면서 예수 그리스도의 부활로 우리는 이미 승리했기에 끝까지 기다리라고 당부합니다. 이러한 편지를 쓴 것은 복음 2세대가 로마 제국의 박해 속에서 선한 싸움을 싸우며 하나님 나라 복음을 땅끝까지 전하도록 하기 위함이었습니다.

A.D.64년 로마 대화재 사건으로 복음 1세대 지도자 대부분이 순교하는 와중에 목숨을 건지게 된 사도 요한은 그때부터 30여 년 동안 더 살아남아 복음 2세대를 책임지며 로마 제국의 박해 가운데 있는 성도들을 돌보는 일을 감당했습니다. 사도 요한이 〈요한일·이·삼서〉를 기록한 이유는 로마 제국의 박해로 인해 고통당하고 있던 성도들을 위로하며 권면하고 당시 생겨난 많은 이단과 거짓 교사들로부터 성도들을 지키고 보호하기 위함이었습니다. 요한은 거짓 교훈을 철저히 배격하고, 하나님의 사랑을 받은 성도로서 사랑의 능력으로 모든 것을 이겨내라고 강조하면서 '하나님은 사랑'이라고 선언합니다. 요한은 신앙을 하나님과 사람과의 교제, 사람과 사람과의 교제라고 말하며 교제의 완성이 사랑이라고 가르칩니다.

사도 요한은 갈릴리에서 만났던 예수님을 60여 년 후 밧모섬에서 다시 만났습니다. 예수님께서는 요한을 통해 당시 로마 제국의 박해 가운데 있는 교회를 향해 위로와 격려의 말씀을 주시고, 최후 승리를 위한 미래 계획을 알려주셨습니다. 예수님의 말씀을 듣고 요한은 소아시아 일곱 교회 곧 복음 2세대에게 〈요한계시록〉을 써 보냈습니다. 예수님께서 요한에서 보여주신 것은 보좌에 앉으신 하나님의 오른손에 일곱 인으로 봉한 두루마리가 있고 마침내 어린양이 심판을 부르는 일곱 인을 떼기 시작한 환상이었습니다. 이 환상은 놀랍게도 예수님께서 60여 년 전 말씀해주신 마지막 때의 징조와 같았습니다. 일곱 인, 일곱 나팔을 지나 일곱 대접에 이르자 심판에 따른 재앙은 점점 확대되었고, 마침내 보좌에 앉으신 이가 "내가 만물을 새롭게 하노라."라고 말씀하시자 새 예루살렘의 광경이 펼쳐졌습니다. 새 예루살렘에는 건물 성전이 아닌, 성전의 본체이신 예수 그리스도가 계셨습니다. 하나님 보좌 옆에서 예수 그리스도께서 온 세상을 심판하심으로 모든 재앙과 전쟁이 끝나고 비로소 새 하늘과 새 땅이 펼쳐질 것입니다. 이를 본 요한은 복음 2세대가 이끄는 소아시아 일곱 교회에 하나님과 어린양의 보좌, 새 하늘과 새 땅을 소개하며 '주님 속히 다시 오시리라'는 예수님의 재림 약속을 전하며 〈요한계시록〉을 끝맺습니다.

익투스-통通 7트랙

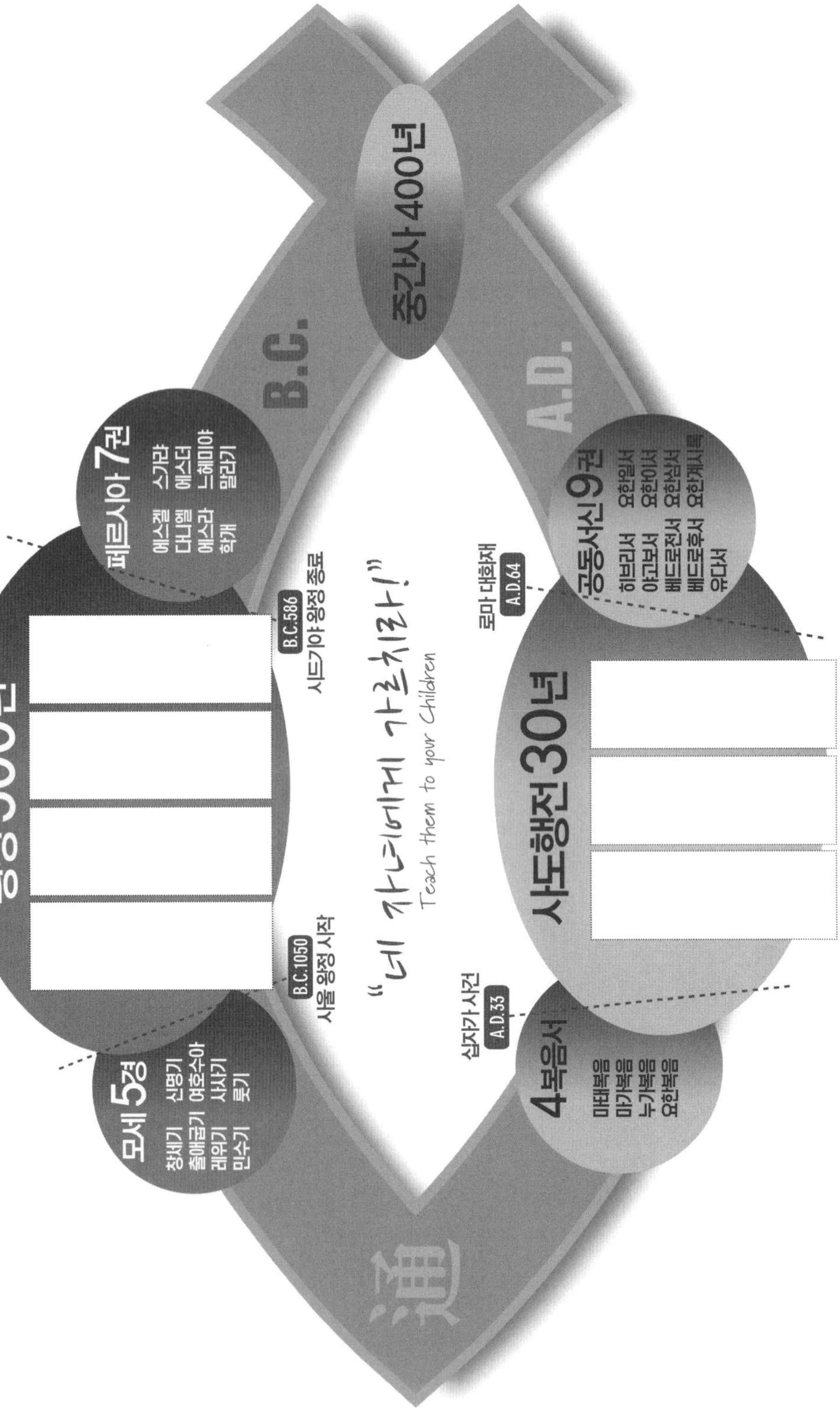
중간사 400년
B.C.
A.D.
페르시아 7권
에스겔 다니엘 에스라 학개
스가랴 에스더 느헤미야 말라기
왕정 500년
B.C.586
시드기야 왕정 종료
B.C.1050
사울 왕정 시작
모세 5경
창세기 출애굽기 레위기 민수기
신명기 여호수아 사사기 룻기
"네 자녀에게 가르치라!"
Teach them to your Children
로마 대화재
A.D.64
공동서신 9권
히브리서 야고보서 베드로전서 베드로후서 유다서
요한일서 요한이서 요한삼서 요한계시록
사도행전 30년
십자가 사건
A.D.33
4복음서
마태복음 마가복음 누가복음 요한복음
通

1. 모세5경

2. 왕정 500년

2-1.

2-2.

3. 페르시아 7권

4. 중간사 400년

5. 4복음서

5-1.

6. 사도행전 30년

6-1.

7. 공동서신 9권

초급반

3단

10분에 성경 전체 원 스토리

Bible Tongdok Times Table

3단 활용법

〈통通구구단 3단〉의 목표는 성경을 첫째 틀리지 않고, 둘째 치우치지 않고, 셋째 선을 넘지 않지 않고, 넷째 사람들 앞에서, 다섯째 10분 안에 이야기하는 것입니다.

먼저 성경 전체를 이야기할 수 있도록 성경 66권을 7개의 통通트랙과 연결하여 역사순으로 배열하여 만든 52개의 큰 그림을 익힙니다. 이는 이후에 자세히 배울 《통성경 길라잡이》의 제목으로 이루어져 있습니다. 52개 제목을 함께 읽어보며 큰 그림을 그린 후 10분에 성경 전체를 원 스토리(One Story)로 이야기할 수 있도록 공부합니다.

'10분에 성경 전체 원 스토리'는 〈통通구구단 2단〉에서 충분히 익힌 내용을 가지고 10분에 성경 전체를 이야기할 수 있도록 만든 것입니다. 먼저 '10분에 성경 전체 원 스토리'를 소리내서 함께 읽습니다. 그리고 반복해 읽으면서 암기하도록 합니다.

'10분에 성경 전체 원 스토리'의 1번부터 3번은 구약성경 이야기입니다. 1번은 '모세5경' 이야기, 2번은 '왕정 500년' 이야기, 3번은 '페르시아 7권' 이야기, 4번은 '중간사 400년' 이야기입니다. 그리고 5번부터 7번은 신약성경으로, 5번은 '4복음서' 이야기, 6번은 '사도행전 30년' 이야기, 7번은 '공동서신 9권' 이야기입니다.

암기할 때 굵은 글씨를 눈여겨보면서 외웁니다. 굵은 글씨는 우리가 성경을 읽을 때 기억해야 할 중요한 용어들입니다. 또한 함께 읽으며 쉽게 외울 수 있도록 / 표기를 했습니다. / 에 따라 숨을 쉬어가면서 외웁니다.

우리는 지금까지 〈통通구구단 1단〉에서 '시작과 끝 이야기'를 가지고 성경 66권을 익힌 후, 〈통通구구단 2단〉에서 통通 7트랙을 각 트랙 10분 이야기와 함께 공부하며 익혔습니다. 그 기반 위에 〈통通구구단 3단〉 '10분에 성경 전체 원 스토리'를 외워두면 평생 성경을 읽으면서 머릿속에, 가슴속에 성경 전체가 새겨질 것입니다. 그러면 성경 어느 부분을 공부해도 틀리지 않고, 치우치지 않고, 선을 넘지 않고 성경을 말씀 그대로 이해할 수 있습니다. 그리고 성경 전체를 사람들 앞에서 10분 안에 이야기할 수 있습니다.

지금은 지구촌이 한 가족인 글로벌 시대입니다. 땅끝까지 복음을 전파할 사명이 우리에게 있습니다. 국제공용어인 영어로도 '10분에 성경 전체 원 스토리(The Whole Bible Story in 10 Minutes)'를 꼭 외우도록 합시다. 세계 어느 나라, 어느 민족의 사람을 만나도 자신 있게 성경 이야기를 할 수 있는 그리스도인이 될 수 있도록 도전합시다.

10분에 성경 전체 원 스토리

우리가/ 사도행전 7장의 스데반처럼/ 성경 전체를/ 틀리지 않게, 치우치지 않게, 선을 넘지 않고, 사람들 앞에서/ 10분 안에 이야기한다면/ 하나님께서 얼마나 기뻐하실까요?

성경/ 창세기부터 요한계시록까지 66권은/ **하나의 이야기**입니다.

1. 창세기는/ 하나님의 천지창조, 노아 홍수 심판, 하나님의 마음 이야기를 담은/ 역사 이전의 역사, **원역사**로 시작됩니다. 이어서/ 모리아산 번제로 하나님과 친구가 된 아브라함, 흉년에 100배 결실을 거둔 이삭, 열두 아들로 열두 지파의 기둥을 세운 야곱, 이렇게 **족장** 세 사람의 가나안 이야기,/ 그리고 요셉 때/ **민족**을 만들기 위해 **입애굽**한 이야기입니다. 400년 후/ 히브리 민족이/ 첫 번째 유월절을 지키고/ 출애굽 합니다. **출애굽**의 표면적 이유는/ 애굽 **제국**의 박해 때문입니다. 그러나 실제로는/ 하나님과 히브리 민족 사이에/ 모든 민족을 위한/ **세계선교**의 **꿈**인/ **'제사장 나라' 언약**을 세우기 위해서였습니다. 레위기는/ 5대 제사를 비롯한/ 제사장 나라의 **거룩한 시민학교 교과서**이며, 민수기는/ 광야 40년 동안 모세에게 제사장 나라 교육을 받은 **만나세대** 이야기이고, 신명기는/ **만나학교 졸업식** 설교입니다. 만나학교 졸업생들이/ **약속의 땅** 가나안에/ 48개 관공서를 중심으로/ 제사장 나라를 세운 이야기가 여호수아이며, 사사기는/ 350년 동안/ 제사장 나라 1단계 흉년 징계와/ 2단계 수탈 징계 가운데 진행된/ **사사들**을 **통한 구원** 이야기이고, 룻기는/ 사사 시대/ 제사장 나라 교육 성공 사례 이야기입니다.

2. 사무엘이 어두웠던 사사 시대를 마감하고/ **미스바세대**를 탄생시켜/ 제사장 나라를 꽃피웁니다. 이어서 **사울**이/ 이스라엘의 **초대 왕**이 됩니다. 사울과 사무엘의 갈등은 왕정 500년 동안 왕과 선지자 대립의 시작이 됩니다. **다윗**이/ **세 번 기름 부음**을 받고 왕이 되어/ 성전 건축을 준비하고/ 제사장 나라 충성도를 높이며/ **하나님의 종**으로 인정을 받습니다. 그리고/ 하늘 문을 연 다윗의 여러 시편과/ 하나님의 자랑, **하늘보석 욥** 이야기가 있습니다. **솔로몬**은/ 모든 민족을 위한 성전 건축, 그리고 잠언, 아가, 전도서를 남깁니다. 솔로몬 사후/ **남북 분열 왕조 200년** 동안/ 엘리야, 엘리사, 아모스, 호세아의 외침과/ 열방을 위한 하나님의 마음을 깨달은/ **요나의 3일 기적** 이야기가 선포됩니다. 그러나/ 여러 선지자의 설득에도/ 끝내 여로보암의 길로 행한 **북이스라엘**이/ B.C.8세기 앗수르에 **멸망**합니다. 이때/ 이사야, 미가 선지자는/ **메시아 예언**과 **베들레헴 탄생**을 예고합니다. 150년 후/ **남유다**가 바벨론에 **멸망**할 때/ 스바냐, 하박국, 나훔, 요엘 선지자가/ 500년 왕정 평가를/ 포괄적으로 선언합니다. 이때 예레미야는/ 제사장 나라 징계 3단계인/ **바벨론 포로**

70년의 네 가지 의미/-징계, 교육, 안식, 제국 수명을 말하며/ **새 언약**을 **예고**합니다. 그리고/ 바벨론 포로 징계를 마치고/ 예루살렘으로 돌아갈/ **재건세대**에게/ 하나님의 미래 **선물**,/ 역대기가 주어집니다.

3. 에스겔이 바벨론에서/ 남유다 **포로민**들을/ 하나님의 말씀으로 **설득**함으로/ **유대인**이 **시작**됩니다. 그 사이/ 다니엘은 환상 가운데/ 바벨론, 페르시아, 헬라, 로마 **제국 변동**의 **밑그림**을 그리며/ 영원한 하나님 나라를 예언합니다. 바벨론 제국은/ 하나님의 약속대로/ 70년 만에 페르시아에 멸망하고,/ 페르시아 제국은/ 스룹바벨, 학개, 스가랴와 함께/ 유대인들을 돌려보내며/ 예루살렘에 **성전**을 **재건**하게 함으로/ 레반트 지역에 **투자**를 합니다. 한편/ 페르시아에 남은 유대인들은/ 아말렉족 하만의 계략으로/ 죽을 위기에 처하지만,/ **에스더의 파티**를 통해/ 위기를 극복합니다. 이후 에스라가/ 2차 귀환을 이끌어 **산헤드린 공회**를 설치하고,/ 느헤미야가 3차 귀환을 이끌어/ **성벽**을 **재건**함으로/ 제사장 나라 재건을 이룹니다. 제사장 나라를 세운 지 1000년 만에/ 하나님께서는/ 말라기 선지자를 통해/ 그동안의 사랑 **고백**과/ 엘리야를 보내 아버지 마음을 자녀에게로, 자녀들의 마음을 아버지에게로 돌이키게 하겠다는 약속을 주신 후/ 400년 동안 **침묵**하십니다.

4. 신구약 중간기 400년 동안/ 제국들이 변동합니다. 페르시아 제국이 멸망하고/ **헬라 제국**이 등장하는데,/ 헬라 제국의 프톨레미 왕조 때에/ **모세오경**이 헬라어로 번역되어/ **세계화**가 이루어집니다. 이어서 헬라 제국의 셀루커스 왕조가/ 예루살렘 성전을 모독하자/ **마카비 가문**이/ **혁명**을 일으켜/ 성전을 청결하게 한 후 **하스몬 왕조**를 세웁니다. 그런데 하스몬 왕조는/ 80여 년 동안 **대제사장**이 **왕**을 **겸직**하므로/ 제사장 나라 법을 어깁니다. 이후/ 헬라 제국이 로마에 넘어가면서/ 유대는 **로마 제국**의 **통치**하에 들어갑니다./ 이때 로마는/ 에돔족인 **헤롯 가문**을/ **유대**의 **분봉 왕**으로 삼아/ 예루살렘 **성전**을 **재건축**하게 함으로/ 성전을 로마의 통치 도구로 전락시킵니다.

5. 바로 이때/ B.C와 A.D 분기점에/ 예수님께서 천사들과 목자들의 기쁨 속에/ **베들레헴**에서 **탄생**하십니다. 예수님께서는/ 공생애 3년 동안/ 하나님 사랑을 말씀하시며/ **한 영혼의 가치**를/ 천하보다 귀하게 여기셨습니다. 때론 **사랑 때문에 피곤**하고 지치기도 하셨습니다. 그리고 약한 자의 비빌 언덕이 되시며/ **사마리아인과 세리의 친구**가 되어주십니다. 공생애 **마지막 일주일** 동안/ 예수님께서는/ 예루살렘에서/ 마지막 유월절 첫 번째 성찬식을 통해/ **새 언약**을 **체결**하신 후/ **1차 산헤드린 공회 재판**과 **빌라도 재판**을 받으시고/ 로마의 형틀이자 **하늘 성소**인/ **십자가**에 달리십니다. 예수님께서 십자가에서 **다 이루었다**고 선언하시는 순간 예루살렘 성전의 휘장이 위에서 아래

로 찢어집니다. 이는 예수님께서/ 율법과 선지서의 완성으로/ **단번 제사**를 드리시고/ 우리를 위한 새로운 살길의 휘장이 되심으로 **하나님 나라 복음**을 완성하신 것입니다. 십자가 죽음 후 3일에/ 부활하신 예수님께서는/ 승천하시기 전/ 모든 민족에게 전할 **지상명령**을 말씀하십니다.

6. 이후/ 오순절 성령 체험을 한/ 열두 사도들이 **제자 시대**를 열고/ 예루살렘 공회를 열며/ **2차, 3차, 4차 산헤드린 공회** 재판의 위협 속에서도/ 하나님 나라 복음을 전하고/ 교회를 세워갑니다. 한편 바울은/ 다메섹 길에서 예수님을 만난 후/ 이방인의 사도로 부름을 받습니다. 바울은/ 예루살렘 공회에서/ 바나바를 안디옥 교회에 파송할 때/ 동행하게 되어/ 소아시아 **1차 전도 여행**을 합니다. 2년 후/ 안디옥 교회에 생긴/ 할례 문제를 놓고/ **예루살렘 공회**가 열립니다. 이때/ 오직 예수 십자가만이/ 하나님 나라 구원의 기준이라고 선언합니다. 그리고 바울도/ 바나바와 같은 사랑받는 형제로 결의합니다. 이후 바울 팀은/ **2차, 3차 전도 여행**을 하며/ 데살로니가, 갈라디아, 고린도, 로마 교회에/ 편지를 써 보냅니다. 바울 팀은/ 3차 전도 여행이 끝날 무렵,/ 로마를 거쳐 땅끝인 스페인까지/ 복음을 전하기 위한 계획을 세우고/ **예루살렘 교회를 방문**하여/ 이 소식을 알립니다. 이때 예루살렘 공회의 당부로/ 바울은 예루살렘 성전에 갔다가/ 유대인들에게 잡혀 죽을 위기에 처하게 되지만,/ 오히려 로마 천부장의 협조로/ **5차 산헤드린 공회**를 열어 공회원들에게/ 마지막 설득을 시도합니다. 그러나/ 산헤드린 공회의 위협이 거칠어지자/ 바울은/ 의도적으로 부활 신앙을 고백함으로/ 사두개파와 바리새파를 분열시키고/ 그곳을 빠져나옵니다. 그날 밤/ 바울은 로마 천부장의 보호 속에 가이사랴로 이송되고,/ 다음 날/ 로마 총독 벨릭스의 재판을 받고/ 2년간 구금됩니다. 이후 바울은/ 새로 부임한/ 로마 총독 베스도의 재판을 받던 중,/ 산헤드린 공회의 살해 위협을 피하려고/ 결국, 로마 시민권을 이용해/ 로마 황제 재판을 요구하며/ **죄수의 길을 선택**합니다. 그래서/ 죄수 이송선을 타고 로마에 도착합니다. 바울은 로마 감옥에서/ 황제 재판을 기다리는 2년 동안/ 하나님 나라 복음을 전하며/ **교회론**인 에베소서, **기독론**인 골로새서와/ 빌립보서, 빌레몬서를 써 보냅니다./ 그리고 2년 만에/ 잠시 자유의 몸이 된 바울은/ 또다시 전도 여행을 진행합니다.

7. 그런데/ A.D.64년/ **로마 대화재 사건**이 발생합니다. 이때 로마 제국은/ 기독교 복음 1세대 지도자 200여 명을/ 로마 방화범으로 지목하여/ 잔인하게 처형합니다. 바울도 죽음이 임박했음을 알고/ **믿음의 아들 디모데에게**/ **유언**과 같은 디모데후서를 써 보냅니다. 바로 이때/ 순교를 눈앞에 둔 복음 1세대들이/ 복음 2세대들을 위한 **편지**, 히브리서, 베드로전·후서, 유다서를 남깁니다. 그 내용은/ **복음 2세대**들이 로마 제국의 박해 속에서/ **선한 싸움**을 싸우며/ 하나님 나라 복음을 땅끝까지

전하도록/ 격려하기 위함입니다. 그러나/ 사도 요한은 복음 1세대로,/ 로마 대화재 이후/ 30여 년 동안 더 살아남아/ 로마 제국의 박해 가운데 있는/ 복음 2세대들을 돌보는 일을 감당합니다. 이때/ 요한일·이·삼서를 기록하여 권면하면서/ **'하나님은 사랑'**이라고 **선언**합니다. 그리고 사도 요한은/ 복음 2세대가 이끄는/ 소아시아 일곱 교회에/ 하나님과 어린양의 보좌,/ **새 하늘과 새 땅**을 소개하며/ 주님 속히 다시 오시리라는/ 예수님의 간절한 **재림 약속**을 전하며/ 계시록 이야기를 끝냅니다.

성경을 열면 기적이 열립니다.
하나님의 말씀, 성경으로
우리는 21세기 **신앙 부흥** 운동을 곱셈하며
교회 부흥 운동을 곱셈할 것입니다. 아멘.

THE WHOLE BIBLE STORY IN 10 MINUTES

How happy will it make God/ our Creator/ when he hears that,/ like Stephen did in Acts chapter 7,/ we understood/ and spoke the whole Bible Story/ without getting it wrong,/without turning from it/ to the right or to the left,/ without crossing the line,/ in front of a crowd,/ and within 10 minutes?

The 66 books of the Bible,/ from Genesis to Revelation,/ is One Story.

A pre-history from the native country of the universe/ -the heart of God-/ is the start of the Genesis story of God's creation,/ Adam's and Eve's fall,/ Noah's flood,/ and the dramatic divine self-identification/ as a multi-generational God,/ the "God of Abraham, Isaac and Jacob,"/ the God of Sarah, Rebecca, Rachel and Leah. God called Abraham God's friend/ and tested his obedience/ in a burnt offering on Mount Moriah;/ Isaac reaped 100 times during famine;/ Jacob established the foundation for the twelve tribes/ through his sons;/ Joseph entered Egypt to birth a nation.

400 years later,/ the Hebrew people leave Egypt/ after the first Passover. The outward reason for Exodus/ was Egypt's persecution and enslavement. The real reason for Exodus/ was to form a Covenant between God and the Israelites/ to establish a Kingdom of Priests,/ a dream for all nations. Leviticus is a textbook for holy citizens in a Kingdom of Priests/ including how to prepare the five types of offerings. Numbers is the story of the Manna Generation/ who were educated over 40 years in the desert/ by Moses. Deuteronomy is the story of the Manna Generation's graduation/ in the desert. Joshua is the story of the founding of a Kingdom of Priests in Canaan/ with the 48 towns for the Levites at its center. Judges is the story of the 350 years under the Judges' rule/ when the first-step and second-step punishments/ of famine and plunder/ (as recorded in Leviticus)/ came upon Israel. Ruth is the success story of education in a Kingdom of Priests/ in the midst of the Judges' rule.

Samuel puts an end to the dark period of Judges/ through the birth of the Mizpah Generation that/ ignites the flames of a Kingdom of Priests. Saul becomes the first king of Israel,/ and the clash between Saul and Samuel/ was the first of many feuds between a prophet and a King. A shepherd, musician and giant-slayer named David/ is anointed with holy oil three times to become king,/ and he shows true loyalty to a Kingdom of Priests/ by preparing for the construction of the Jerusalem temple/ for which he is given the title/ 'God's servant'. Prayers and psalms by David are recorded/ that opened the gateway to heaven,/ as well as the story of Job of whom God boasted/ for his unyielding faith. Solomon completes the construction of the temple,/ and writes Proverbs, Song of Songs, and Ecclesiastes.

After Solomon's death,/ Israel's North and South kingdoms are forced to divide/ for 200 years. During that time,/ Elijah, Elisha, Amos, and Hosea/ cry out for the people to return to God/ while Jonah showcases God's heart towards all nations/ through the three-day miracle. North Israel is destroyed by Assyria's army in 8th century B.C./ despite the many prophets who were sent to persuade Israel/ to return to God. At the same time,/ prophets Isaiah and Micah are sent by God to South Judah/ to prophesy about the Messiah/ and his birth in Bethlehem. 150 years later when South Judah is destroyed by Babylon's army,/ prophets Zephaniah, Habakkuk, Nahum, and Joel are appointed/ to comprehensively evaluate the 500 years of Israel's monarchy. During this time,/ Jeremiah prophesies the third-step punishment of a Kingdom of Priests upon Israel/ to unfold in Babylon for 70 years/ (as recorded in Leviticus –/ punishment, education, sabbath, lifespan of empire),/ as well as prophesying a New Covenant/ written "on the heart"/ not "on tablets of stone." To the returned captives from Babylon,/ God gifts I&II Chronicles as motivation/ to rebuild Jerusalem.

During the 70 years of Babylonian captivity,/ the people are reborn through the Word of God/ with the help of Ezekiel. Daniel's four visions sketch out the change of imperial rule/ from Babylon, Persia, Hellas to Rome/ and compares this upheaval to the Kingdom of God/ that will stand forever. The Babylonian empire falls to Persia/ just as God promised,/ and the Persian empire invests in the Levant region by facilitating the reconstruction of the Jerusalem temple/ through Zerubbabel, Haggai, and Zechariah/ along with the returned captives.

Meanwhile,/ the Jews who remain in Persia are threatened with death/ due to Haman the Amalekite's wicked scheme,/ but manage to overcome this disaster/ through Queen Esther's political savvy. Ezra then leads the second return of captives to Jerusalem/ and sets the foundation/ for the Sanhedrin Assembly. Nehemiah leads the third return of captives/ to reconstruct the Jerusalem walls. 1,000 years after the founding of a Kingdom of Priests,/ God makes known His love towards Israel/ through Malachi/ and promises to send Elijah/ to turn the heart of the parents to their children,/ and the heart of the children to their parents.

God is then silent for 400 years.

In between B.C. and A.D.,/ Jesus Christ is born in Bethlehem/ to the supreme delight of angels and shepherds. Jesus teaches God's unending love/ during his three years on earth,/ and values one soul/ more precious than the whole universe. At times,/ Jesus becomes exhausted/ from showing God's love to the people day and night. Jesus is a pillar to the weak,/ an advocate for the poor,/ a healer to the sick and wounded,/ and a friend to Samaritans, tax collectors and sinners. During Jesus' last week,/ Jesus turns his last Passover Meal/ into Holy Communion/ in fulfillment of the New Covenant. After standing trial/ before the Sanhedrin Assembly and Pontius Pilate,/ Jesus is sentenced to be crucified/ on the Roman empire's legendary torture tool,/ and turns it into a door to heaven itself. The moment Jesus cried,/ "It is finished!" on the cross,/ the curtain of the Jerusalem Temple/ ripped in two. In fulfilling the laws and the prophets,/ Jesus reigns victorious on the cross/ once for all/ by his own blood/ and becomes the new and living way/ through the veil/ as he embodies the Good News of God's Kingdom. Three days after Jesus' crucifixion,/ Jesus resurrects from his grave/ and gives his Great Commission:/ go and make disciples of all peoples.

The Pentecost experience of the Holy Spirit/ paves the way for the Disciple Era/ and the establishment of the Jerusalem Council/ to spread the Good News of God's Kingdom/ and strengthen the church/ despite threats from the Sanhedrin Assembly. On his sixth post-resurrection appearance,/ Jesus appears to Paul on his way to Damascus/ and Paul is called to become an apostle/ for all nations. Paul accompanies Barnabas/ who is sent by the Jerusalem church/ on their first missionary journey/

to Asia Minor. Two years later,/ the Jerusalem Council meet to discuss the issue of circumcision/ raised by the Antioch church. The Council rules that the only way to salvation/ is through the cross of Christ. Also,/ Paul is acclaimed as a loving brother/ to the standard of Barnabas/ during this meeting.

Paul's team embarks on their second and third missionary journeys/ and sends letters to churches/ in Thessalonica, Galatia, Corinth, and Rome/ which are meant for public hearings,/ not private readings. Towards the end of their third missionary journey,/ Paul's team decides to spread the Word/ by traveling across Rome to Spain,/ a place considered to be the end of the world/ in those days. When they inform the Jerusalem church of this plan,/ the Jerusalem Council advises Paul/ first to visit the Jerusalem temple. But Paul is cornered by his own people/ who want to kill him. A Roman commander rescues Paul/ and strategizes to hold another Sanhedrin trial/ to help Paul attempt at a final persuasion. When the Sanhedrin Assembly's threats reach dangerous heights,/ Paul ostensibly and avowedly confesses his belief in resurrection,/ which splits the Sadducees and the Pharisees/ and makes his escape. That night,/ Paul is sent to Caesarea/ under the protection of the Roman Commander/ and is held under trial by Governor Felix/ which keeps Paul captive/ for a further two years.

Paul is subsequently held under trial/ by the new Governor Festus/ and ends up using his Roman citizenship,/ when threats by the Sanhedrin Assembly become unbearable,/ to be sent to Rome/ as a prisoner on deck/ to be tried by the Roman emperor. While waiting for the emperor's trial for two years/ under house arrest in Rome,/ Paul preaches the Good News of God's Kingdom/ and writes Ephesians, Colossians, Philippians, and Philemon. When Paul is released for a short while,/ he embarks on yet another missionary journey.

In A.D.64,/ a great fire sweeps over Rome. About 200 Christian leaders and first-generation evangelists/ are accused of starting the fire/ and are brutally massacred. Paul also realizes that his time is near/ and writes his final letter/ of last will and testament/ to Timothy. At the same time,/ first-generation evangelists write to second-generation evangelists/ Hebrews, I&II Peter, and Jude/ before their untimely deaths. The letters are written/ to spur on second-generation faithful/ to fight the righteous fight/ under the Roman empire's persecution of Christians,/ and to preach the gospel/ to the ends of the earth/ in the face of martyrdom. St. John outlives all the other first-generation evangelists/ for a further 30 years/ and looks after second-generation evangelists/ who face deadly persecution/ by the Roman empire. St. John records I&II&III John/ and proclaims that "God is love." St. John also introduces the lamb of God/ and the new heavens and the new earth/ to the seven churches in Asia Minor/ and closes with the story of Jesus' rapturous return/ in Revelation.

Opening your Bible/ opens miracles.
We will multiply our faith and churches/ through the Tongdok revival movement/ in the 21st century/ through God's Word,/ the Bible.
God's story is the story of life,/ and our life-story. Amen.

3단 이해하기

52과	제목	범위
1	원역사	창 1-11장
2	족장사	창 12-36장
3	입애굽과 민족	창세기 37~50장
4	출애굽과 제국	출애굽기 1~18장
5	세계 선교의 꿈 - 제사장 나라	출애굽기 19~40장
6	거룩한 시민학교 교과서	레위기
7	만나세대	민수기
8	만나학교 졸업	신명기
9	약속의 땅 입성	여호수아
10	사사들이 다스리던 시기	사사기
11	교육의 성공 사례	룻기
12	미스바세대	사무엘상 1~7장
13	왕정의 시작	사무엘상 8~31장
14	세 번의 기름 부음 - 제사장 나라 충성도	사무엘하 1~10장
15	하나님의 종 다윗	사무엘하 11~24장, 열왕기상 1~2장
16	솔로몬과 시가서	열왕기상 3~11장, 잠언, 아가, 전도서, 시편
17	하늘 보석 욥	욥기
18	남북 분열 왕조	열왕기상 12~22장, 열왕기하 1~14장, 아모스, 호세아
19	요나의 기적	요나
20	북이스라엘 멸망	열왕기하 15~20장, 이사야 1~39장
21	메시아와 베들레헴의 목동	이사야 40~66장, 미가
22	남유다 멸망	열왕기하 21~23장, 스바냐, 하박국, 나훔, 요엘
23	70년의 징계	열왕기하 24~25장, 예레미야, 예레미야애가, 오바댜
24	역대기 - 재건세대 선물	역대상·하
25	포로민 설득 - 유대인의 시작	에스겔
26	제국 변동의 밑그림	다니엘
27	성전 재건 - 귀환과 투자	에스라 1~6장, 학개, 스가랴
28	에스더의 파티	에스더
29	에스라의 권한	에스라 7~10장
30	성벽 재건	느헤미야
31	고백과 침묵	말라기
32	헬라 제국과 중간사 - 모세오경의 세계화	신구약 중간사
33	헬라 제국과 중간사 - 마카비 혁명	
34	하스몬 왕조와 중간사 - 왕 겸 대제사장 통치	
35	로마 제국과 중간사 - 헤롯 왕조	

36	예수님의 탄생	마태복음, 마가복음, 누가복음, 요한복음
37	예수님의 한 영혼 사랑	
38	사랑 때문에 피곤하신 예수님	
39	사마리아인과 세리의 친구 예수님	
40	마지막 일주일 -1차 산헤드린 공회 재판과 빌라도 재판	
41	십자가 승리 - 하나님 나라	
42	열리는 제자 시대 - 2, 3, 4차 산헤드린 공회 재판	사도행전 1~12장
43	바울의 1차 전도여행 - 예루살렘 공회	사도행전 13장~15:35
44	바울의 2차 전도여행	사도행전 15:36~18:22, 데살로니가전·후서, 갈라디아서
45	바울의 3차 전도여행	사도행전 18:23~19장, 고린도전·후서
46	바울의 예루살렘 여행 - 5차 산헤드린 공회 재판	사도행전 20~23장, 로마서
47	죄수 바울 로마 도착	사도행전 24~28장
48	교회론과 기독론	에베소서, 빌립보서, 골로새서, 빌레몬서
49	믿음의 아들에게 남긴 편지 - 로마 대화재 사건	디모데전서, 디도서, 디모데후서
50	복음 2세대를 위한 편지	히브리서, 야고보서, 베드로전·후서, 유다서
51	요한의 사랑 선언 편지	요한일·이·삼서
52	새 하늘과 새 땅의 노래	요한계시록

10분에 성경 전체 원 스토리

우리가/ 사도행전 7장의 스데반처럼/ 성경 전체를/ 틀리지 않게, 치우치지 않게, 선을 넘지 않고, 사람들 앞에서/ 10분 안에 이야기한다면/ 하나님께서 얼마나 기뻐하실까요?

성경/ 창세기부터 요한계시록까지 66권은/ ______________ 입니다.

1. 창세기는/ 하나님의 천지창조, 노아 홍수 심판, 하나님의 마음 이야기를 담은/ ______________ ______________ 이어서/ 모리아산 번제로 하나님과 친구가 된 아브라함, 흉년에 100배 결실을 거둔 이삭, 열두 아들로 열두 지파의 기둥을 세운 야곱, 이렇게 **족장** 세 사람의 가나안 이야기,/ 그리고 요셉 때/ **민족**을 만들기 위해 **입애굽**한 이야기입니다. 400년 후/ 히브리 민족이/ 첫 번째 유월절을 지키고/ 출애굽 합니다. **출애굽**의 표면적 이유는/ 애굽 **제국**의 박해 때문입니다. 그러나 실제로는/ 하나님과 히브리 민족 사이에/ 모든 민족을 위한/ **세계선교**의 **꿈**인/ ________ ______________ 레위기는/ 5대 제사를 비롯한/ 제사장 나라의 ______________, 민수기는/ 광야 40년 동안 모세에게 제사장 나라 교육을 받은 ______________, 신명기는/ ______________. 만나학교 졸업생들이/ ______________/ 48개 관공서를 중심으로/ 제사장 나라를 세운 이야기가 여호수아이며, 사사기는/ 350년 동안/ 제사장 나라 1단계 흉년 징계와/ 2단계 수탈 징계 가운데 진행된/ ______________ 룻기는/ 사사시대/ ______________ 입니다.

2. 사무엘이 어두웠던 사사 시대를 마감하고/ ______________ 시켜/ 제사장 나라를 꽃피웁니다. 이어서 **사울**이/ 이스라엘의 **초대 왕**이 됩니다. 사울과 사무엘의 갈등은 왕정 500년 동안 왕과 선지자 대립의 시작이 됩니다. **다윗**이/ ______________ / 성전 건축을 준비하고/ 제사장 나라 충성도를 높이며/ **하나님의 종**으로 인정을 받습니다. 그리고/ 하늘 문을 연 다윗의 여러 시편과/ 하나님의 자랑, ______________ 가 있습니다. **솔로몬**은/ 모든 민족을 위한 성전 건축, 그리고 잠언, 아가, 전도서를 남깁니다. 솔로몬 사후/ ______________ / 엘리야, 엘리사, 아모스, 호세아의 외침과/ 열방을 위한 하나님의 마음을 깨달은/ **요나의 3일 기적** 이야기가 선포됩니다. 그러나/ 여러 선지자의 설득에도/ 끝내 여로보암의 길로 행한 **북이스라엘**이/ B.C.8세기 앗수르에 **멸망**합니다. 이때/ 이사야, 미가 선지자는/ ______________ 예고합니다. 150년 후/ **남유다**가 바벨론에 **멸망**할 때/ 스바냐, 하박국, 나훔, 요엘 선지자가/

500년 왕정 평가를/ 포괄적으로 선언합니다. 이때 예레미야는/ 제사장 나라 징계 3단계인/ ____ ____________________ /-징계, 교육, 안식, 제국 수명을 말하며/ _______________합니다. 그리고/ 바벨론 포로 징계를 마치고/ 예루살렘으로 돌아갈/ **재건세대**에게/ 하나님의 미래 **선물**,/ 역대기가 주어집니다.

3. 에스겔이 바벨론에서/ 남유다 **포로민**들을/ 하나님의 말씀으로 **설득**함으로/ **유대인**이 **시작**됩니다. 그 사이/ 다니엘은 환상 가운데/ 바벨론, 페르시아, 헬라, 로마 ________________________/ 영원한 하나님 나라를 예언합니다. 바벨론 제국은/ 하나님의 약속대로/ 70년 만에 페르시아에 멸망하고,/ 페르시아 제국은/ 스룹바벨, 학개, 스가랴와 함께/ 유대인들을 돌려보내며/ _________ _______________ / 레반트 지역에 **투자**를 합니다. 한편/ 페르시아에 남은 유대인들은/ 아말렉족 하만의 계략으로/ 죽을 위기에 처하지만,/ **에스더의 파티**를 통해/ 위기를 극복합니다. 이후 에스라가/ 2차 귀환을 이끌어 __________________, / 느헤미야가 3차 귀환을 이끌어/ _______ __________/ 제사장 나라 재건을 이룹니다. 제사장 나라를 세운 지 1000년 만에/ 하나님께서는/ 말라기 선지자를 통해/ 그동안의 사랑 **고백**과/ 엘리야를 보내 아버지 마음을 자녀에게로, 자녀들의 마음을 아버지에게로 돌이키게 하겠다는 약속을 주신 후/________________.

4. 신구약 중간기 400년 동안/ 제국들이 변동합니다. 페르시아 제국이 멸망하고/ **헬라 제국**이 등장하는데,/ 헬라 제국의 프톨레미 왕조 때에/ __________________________/ **세계화**가 이루어집니다. 이어서 헬라 제국의 셀루커스 왕조가/ 예루살렘 성전을 모독하자/ **마카비 가문**이/ **혁명**을 일으켜/ 성전을 청결하게 한 후 **하스몬 왕조**를 세웁니다. 그런데 하스몬 왕조는/ 80여 년 동안 ______________________/ 제사장 나라 법을 어깁니다. 이후/ 헬라 제국이 로마에 넘어가면서/ 유대는 **로마 제국**의 **통치**하에 들어갑니다./ 이때 로마는/ 에돔족인 **헤롯 가문**을/ **유대**의 **분봉 왕**으로 삼아/ ___________________________ / 성전을 로마의 통치 도구로 전락시킵니다.

5. 바로 이때/ B.C와 A.D 분기점에/ 예수님께서 천사들과 목자들의 기쁨 속에/ ______________ 하십니다. 예수님께서는/ 공생애 3년 동안/ 하나님 사랑을 말씀하시며/__________________/ 천하보다 귀하게 여기셨습니다. 때론 **사랑 때문에 피곤**하고 지치기도 하셨습니다. 그리고 약한 자의 비빌 언덕이 되시며/ __________________________. 공생애 **마지막 일주일** 동안/ 예수님께서는/ 예루살렘에서/ 마지막 유월절 첫 번째 성찬식을 통해/ ______________________ / **1차 산헤드린 공회 재판**과 **빌라도 재판**을 받으시고/ ____________________/ **십자가**에 달리

십니다. 예수님께서 십자가에서 ______________________ 예루살렘 성전의 휘장이 위에서 아래로 찢어집니다. 이는 예수님께서/ 율법과 선지서의 완성으로/ _______________ / 우리를 위한 새로운 살길의 휘장이 되심으로 _________________하신 것입니다. 십자가 죽음 후 3일에/ 부활하신 예수님께서는/ 승천하시기 전/ 모든 민족에게 전할 **지상명령**을 말씀하십니다.

6. 이후/ 오순절 성령 체험을 한/ ______________________/ 예루살렘 공회를 열며/ **2차, 3차, 4차 산헤드린 공회** 재판의 위협 속에서도/ 하나님 나라 복음을 전하고/ 교회를 세워갑니다. 한편 바울은/ ______________________/ 이방인의 사도로 부름을 받습니다. 바울은/ 예루살렘 공회에서/ 바나바를 안디옥 교회에 파송할 때/ 동행하게 되어/ 소아시아 **1차 전도 여행**을 합니다. 2년 후/ 안디옥 교회에 생긴/ 할례 문제를 놓고/ ______________________. 이때/ 오직 예수 십자가만이/ 하나님 나라 구원의 기준이라고 선언합니다. 그리고 바울도/ 바나바와 같은 사랑받는 형제로 결의합니다. 이후 바울 팀은/ **2차, 3차 전도 여행**을 하며/ 데살로니가, 갈라디아, 고린도, 로마 교회에/ 편지를 써 보냅니다. 바울 팀은/ 3차 전도 여행이 끝날 무렵,/ 로마를 거쳐 땅끝인 스페인까지/ 복음을 전하기 위한 계획을 세우고/ ______________________/ 이 소식을 알립니다. 이때 예루살렘 공회의 당부로/ 바울은 예루살렘 성전에 갔다가/ 유대인들에게 잡혀 죽을 위기에 처하게 되지만,/ 오히려 로마 천부장의 협조로/ ________________ 공회원들에게/ _________________. 그러나/ 산헤드린 공회의 위협이 거칠어지자/ 바울은/ 의도적으로 부활 신앙을 고백함으로/ 사두개파와 바리새파를 분열시키고/ 그곳을 빠져나옵니다. 그날 밤/ 바울은 로마 천부장의 보호 속에 가이사랴로 이송되고,/ 다음 날/ ____________________________ / 2년간 구금됩니다. 이후 바울은/ 새로 부임한/ 로마 총독 베스도의 재판을 받던 중,/ 산헤드린 공회의 살해 위협을 피하려고/ 결국, 로마 시민권을 이용해/ 로마 황제 재판을 요구하며/ ______ _____________ 그래서/ 죄수 이송선을 타고 로마에 도착합니다. 바울은 로마 감옥에서/ 황제 재판을 기다리는 2년 동안/ 하나님 나라 복음을 전하며/ **교회론**인 에베소서, **기독론**인 골로새서와/ 빌립보서, 빌레몬서를 써 보냅니다./ 그리고 2년 만에/ 잠시 자유의 몸이 된 바울은/_______ ______________합니다.

7. 그런데/ A.D.64년/________________________. 이때 로마 제국은/ 기독교 복음 1세대 지도자 200여 명을/ 로마 방화범으로 지목하여/ 잔인하게 처형합니다. 바울도 죽음이 임박했음을 알고/_________________/ **유언**과 같은 디모데후서를 써 보냅니다. 바로 이때/ 순교를 눈앞에 둔 복음 1세대들이/ 복음 2세대들을 위한 **편지**, 히브리서, 베드로전·후서, 유다서를 남깁니다.

그 내용은/ ____ / **선한 싸움**을 싸우며/ 하나님 나라 복음을 땅끝까지 전하도록/ 격려하기 위함입니다. 그러나/ 사도 요한은 복음 1세대로,/ 로마 대화재 이후/ 30여 년 동안 더 살아남아/ 로마 제국의 박해 가운데 있는/ 복음 2세대들을 돌보는 일을 감당합니다. 이때/ 요한일·이·삼서를 기록하여 권면하면서/ _______. 그리고 사도 요한은/ 복음 2세대가 이끄는/ 소아시아 일곱 교회에/ 하나님과 어린양의 보좌,/ **새 하늘과 새 땅**을 소개하며/ 주님 속히 다시 오시리라는/ ___________________________/ 계시록 이야기를 끝냅니다.

성경을 열면 기적이 열립니다.
하나님의 말씀, 성경으로
우리는 21세기 **신앙 부흥** 운동을 곱셈하며
교회 부흥 운동을 곱셈할 것입니다. 아멘.

통通구구단 커리큘럼

12주 과정

주	단	범위	과정
1	1단 성경 66권 시작과 끝 이야기	모세5경 (창~룻)	1) 각 범위의 '이해하기' 부분을 함께 읽습니다. 2) '암기하기'(12-13p) 부분으로 돌아와 함께 암기합니다.
2		왕정 500년 (삼상~대하)	
3		• 페르시아 7권 (겔~말) • 중간사 400년 • 4복음서 (마~요)	
4		• 사도행전 30년 (행~딤후) • 공동서신 9권 (히~계)	
5	2단 통通 7트랙 이야기	모세5경 (창~룻)	1) 각 범위의 '이해하기' 부분의 통通트랙 그림을 이해하며 함께 읽습니다. ps. 〈10분에 '모세5경' 이야기〉등은 외우겠다는 다짐으로 여러 번 반복하여 읽습니다. 2) '암기하기'(81p) 부분의 통通 7트랙 그림을 함께 암기합니다.
6		왕정 500년 (삼상~대하)	
7		• 페르시아 7권 (겔~말) • 중간사 400년 • 4복음서 (마~요)	
8		• 사도행전 30년 (행~딤후) • 공동서신 9권 (히~계)	
9	3단 10분에 성경 전체 원 스토리	모세5경 (창~룻)	1) 각 범위의 '이해하기' 부분 52과 제목을 함께 읽습니다. 2) '암기하기'(115-118p) 부분의 1~7번을 범위에 맞춰 여러 번 반복하여 읽으며 함께 암기합니다.
10		왕정 500년 (삼상~대하)	
11		• 페르시아 7권 (겔~말) • 중간사 400년 • 4복음서 (마~요)	
12		• 사도행전 30년 (행~딤후) • 공동서신 9권 (히~계)	

20주 과정

주	단	범위	과정
1	1단 성경 66권 시작과 끝 이야기 (총 6주)	모세5경 (창~룻)	1) 각 범위의 '이해하기' 부분을 함께 읽습니다. 2) '암기하기'(12-13p) 부분으로 돌아와 함께 암기합니다.
2		왕정 500년-1 (삼상~대하)	
3		왕정 500년-2 (삼상~대하)	
4		· 페르시아 7권 (겔~말) · 중간사 400년 · 4복음서 (마~요)	
5		사도행전 30년 (행~딤후)	
6		공동서신 9권 (히~계)	
7	2단 통通 7트랙 이야기 (총 8주)	모세5경 (창~룻)	1) 각 범위의 '이해하기' 부분의 통通트랙 그림을 이해하며 함께 읽습니다. ps. 〈10분에 '모세5경' 이야기〉 등은 외우겠다는 다짐으로 여러 번 반복하여 읽습니다. 2) '암기하기'(81p) 부분의 통通 7트랙 그림을 함께 암기합니다.
8		왕정 500년-1 (삼상~대하)	
9		왕정 500년-2 (삼상~대하)	
10		페르시아 7권 (겔~말)	
11		중간사 400년	
12		4복음서 (마~요)	
13		사도행전 30년 (행~딤후)	
14		공동서신 9권 (히~계)	
15	3단 10분에 성경 전체 원 스토리 (총 6주)	모세5경 (창~룻)	1) 각 범위의 '이해하기' 부분 52과 제목을 함께 읽습니다. 2) '암기하기'(115-118p) 부분의 1~7번을 범위에 맞춰 여러 번 반복하여 읽으며 함께 암기합니다.
16		왕정 500년 (삼상~대하)	
17		페르시아 7권 (겔~말)	
18		· 중간사 400년 · 4복음서 (마~요)	
19		사도행전 30년 (행~딤후)	
20		공동서신 9권 (히~계)	

통通성경 노래

The Song of TongBible

『성경통독』 20마당의 제목으로 만든 노래입니다.

Lyrics Byoungho Zoh(작사: 조병호)
Composition Tong Orchestra(작곡: 통오케스트라)